कचरे से संपदा तक

वैश्विक कचरा प्रबंधन में नये दृष्टिकोण

डॉ० सचिन मिश्रा

इस पुस्तक "कचरे से सम्पदा तक: वैश्विक कचरा प्रबंधन में नये दृष्टिकोण" को समर्पित किया जाता है उन सभी लोगों को जिन्होंने पारिस्थितिकी तंत्र में संतुलन स्थापित करने के लिए साधारण समस्याओं के असाधारण समाधान की तलाश में अपार प्रयास किया। जिन्होंने हमें यह सिखाया कि हर अवशेष में संभावना छुपी होती है, हमें बस उसे देख पाने की दृष्टि होनी चाहिए।

৬৽

क्रम-सूची

लेखक के बारे में   vii

प्रस्तावना   ix

1. कचरा प्रबंधन   1

खण्ड 1

2. कचरा क्या है और यह किस प्रकार का होता है?   5

खण्ड 2

3. कचरा प्रबंधन के उपाय   13

खण्ड 3

4. कचरे का प्रभाव   19

खण्ड 4

5. कचरा प्रबंधन के नुकसान   23

खण्ड 5

6. कचरा प्रबंधन: जरूरत और महत्व   27

खण्ड 6

7. पुनर्प्रयोग और संसाधन पुनर्प्राप्ति   31

खण्ड 7

8. भवन और विध्वंस अपशिष्ट प्रबंधन   37

खण्ड 8

9. जल और अपशिष्ट जल प्रबंधन   43

खण्ड 9

10. बायोमेडिकल अपशिष्ट प्रबंधन   49

खण्ड 10

11. औद्योगिक अपशिष्ट प्रबंधन   55

खण्ड 11

क्रम-सूची

12. कृषि अपशिष्ट प्रबंधन — 61

खण्ड 12

13. प्लास्टिक अपशिष्ट प्रबंधन — 67

खण्ड 13

14. कम्पोस्टिंग और जैविक अपशिष्ट प्रबंधन — 73

खण्ड 14

15. यूरोप में अपशिष्ट प्रबंधन प्रणालियां — 79

खण्ड 15

16. अमेरिका में अपशिष्ट प्रबंधन — 85

खण्ड 16

17. जापान में अपशिष्ट प्रबंधन — 91

खण्ड 17

18. मध्य पूर्व के देशों में अपशिष्ट प्रबंधन — 95

खण्ड 18

19. ई-कचरे का प्रभाव एवं प्रबंधन — 101

खण्ड 19

20. स्वच्छ भारत मिशन — 107

खण्ड 20

उद्धरण एवं संदर्भ — 113

लेखक के बारे में

डॉ० सचिन मिश्रा केंद्रीय प्रदूषण नियंत्रण केंद्र (सी०पी० सी०) के संस्थापक हैं, जो 2005 में वाराणसी में बायोमेडिकल वेस्ट प्रबंधन के लिए स्थापित एक साझेदारी फर्म है। बाद में, इस साझेदारी फर्म को कंपनी में बदला गया ताकि इसका व्यापार अन्य क्षेत्रों में विस्तार किया जा सके, जिसे सी० पी० सी० पॉवर इंडिया प्राइवेट लिमिटेड के नाम से जाना जाता है। इसका उद्देश्य वाराणसी को स्वच्छ शहर में परिवर्तित करने की थी, और 18 साल की मेहनत के बाद, उन्होंने वाराणसी को बायोमेडिकल वेस्ट के बहुत बड़े हिस्से से मुक्त कराने में सफलता हासिल की। आज उत्तर प्रदेश में सी०पी० सी० पॉवर इंडिया प्राइवेट लिमिटेड बायोमेडिकल वेस्ट निपटान के क्षेत्र में अग्रणी कंपनियों में से एक है।

डॉ० सचिन मिश्रा की यात्रा 2005 में शुरू हुई जब बीमारियों जैसे डायरिया और डेंगू वाराणसी में फैल रही थीं, जो मेडिकल हब के रूप में विकसित हो रही थी। अस्पतालों से निकलने वाले अपशिष्ट लोगों के आवासीय क्षेत्रों में डंप हो रहे थे। जब उन्होंने बायोमेडिकल वेस्ट प्रबंधन के लिए सी० पी० सी० पॉवर इंडिया प्राइवेट लिमिटेड की नींव रखी, तो उन्हें कई सवालों का सामना करना पड़ा, लेकिन उन्होंने अपनी प्रतिबद्धता में दृढ़ता से खड़ा रहा। उनके प्रयासों के परिणामस्वरूप, वाराणसी में करीब 80-90% अस्पताल सी०पी० सी० पॉवर इंडिया प्राइवेट लिमिटेड से जुड़े हुए हैं।

बायोमेडिकल वेस्ट प्रबंधन के अलावा, डॉ० सचिन मिश्रा ने कई अन्य सामाजिक और पर्यावरणिक मुद्दों में भी योगदान दिया है। उन्होंने 2020 में प्लास्टिक वेस्ट प्रबंधन के मुद्दे को समझने के लिए रीसाइक्लो पॉवर की स्थापना की और प्लास्टिक-मुक्त भारत अभियान से जुड़े रहे हैं। उन्होंने कई सरकारी और गैर-सरकारी संगठनों से संपर्क स्थापित किए हुए हैं ताकि वे अन्य विभिन्न सेवा क्षेत्रों में अपना योगदान दे सकें। उन्होंने मुफ्त भोजन कार्यक्रम, पर्यावरण संरक्षण, ठोस अपशिष्ट प्रबंधन, गरीबों के लिए रोजगार, खुशहाल विद्यालयों का निर्माण, चिकित्सा वितरण कार्यक्रम, पेयजल व्यवस्था, और रजाई वितरण आदि कई पहलों पर काम किया है। उन्होंने 5000 से अधिक पौधों को लगाया है और 70% पौधों की सुरक्षा के लिए पेड़ रक्षकों को स्थापित किया है।

डॉ॰ सचिन मिश्रा के कार्यों को कई राष्ट्रीय और अंतरराष्ट्रीय संगठनों ने मान्यता दी और सम्मानित किया है। उन्हें अंतरराष्ट्रीय हिन्दी उत्सव सम्मान मिला है, जो कि मलेशिया, इंडोनेशिया, पोर्ट लुई मॉरीशस और दुबई में सम्पन्न हुआ है| वाराणसी में पर्यावरण प्रशस्ति पुरस्कार, ABP न्यूज चैनल अवाड्‌र्स जैसे सम्मान जिन्हें संपादक श्री राज किशोर जी ने प्रदान किए हैं| उनके महान सेवा कार्य के लिए इंटरकॉन्टिनेंटल क्वालिटी अवार्ड द्वारा मुंबई में 2020 में उत्कृष्ट उद्यमी, 2021 में अनमोल रत्न, 2022 में आइकॉन ऑफ एशिया और 2022 में राष्ट्रीय गौरव सम्मान जैसे सम्मानों से सम्मानित किया गया है|

प्रस्तावना

"कचरे से सम्पदा तक: वैश्विक कचरा प्रबंधन में नये दृष्टिकोण" पुस्तक में आपका स्वागत है। जिस विश्व में हम कचरे की बढ़ती उत्पादन और इसके पारिस्थितिकी प्रभाव के साथ जूझ रहे हैं, प्रभावी कचरा प्रबंधन प्रथाओं की जरूरत कभी इतनी प्रासंगिक नहीं थी। इस पुस्तक में हम वैश्विक स्तर पर सकारात्मक परिवर्तन के लिए कचरा प्रबंधन को परिवर्तित करने वाले अद्भुत नवाचार, रणनीतियां, और पहलों का अन्वेषण करते हैं।

आने वाले अध्यायों में, हम कचरा प्रबंधन के विभिन्न पहलुओं में गहरा अध्ययन करते हैं, विभिन्न प्रकार के कचरे की प्रवाहों को शामिल करते हैं और वे अद्वितीय चुनौतियाँ प्रस्तुत करते हैं जो वे प्रस्तुत करते हैं। नगरीय ठोस कचरे से लेकर हानिकारक कचरे, इलेक्ट्रॉनिक कचरे से लेकर चिकित्सा कचरे तक, हम कचरा प्रबंधन के विविध पहलुओं का पता लगाते हैं और इन चुनौतियों का सामना करने के लिए अपनाए जा रहे नवाचारी दृष्टिकोण पर प्रकाश डालते हैं।

हम एक वैश्विक अनिवार्यता के रूप में कचरा प्रबंधन की समझ के साथ शुरू होते हैं, प्रभावी कचरा प्रबंधन प्रथाओं के महत्व पर जोर देते हैं। कचरा को एक गलत जगह पर रखे गए संसाधन के रूप में पहचानते हुए, हम धन की ओर कचरे को बदलने की संभावना का अन्वेषण करने की यात्रा पर निकलते हैं। हम कचरे की पीढ़ी, इसके संरचना, और अप्रबंधित कचरे से संबंधित सामाजिक, आर्थिक, और पारिस्थितिकी प्रभावों की जटिलताओं में गहरा अध्ययन करते हैं।

जो अध्याय आगे हैं, वे आपको विभिन्न कचरा प्रबंधन क्षेत्रों की रोचक खोज में ले जाते हैं। हम रोजमर्रा के घरेलू कचरे को प्रबंधित करने की रणनीतियों की जांच करते हैं, हानिकारक कचरा सामग्री को सुरक्षित रूप से संभालने, इलेक्ट्रॉनिक कचरे द्वारा उत्थित चुनौतियों का समाधान, चिकित्सा कचरे के सुरक्षित निष्कासन की सुनिश्चितता, और उद्योगों द्वारा उत्पन्न कचरे का प्रभावी प्रबंधन की जांच करते हैं। हम भी कृषि कचरे के सतत प्रबंधन, निर्माण और विध्वंस अवशेष के उचित निष्कासन और पुनर्प्रयोग की जांच करते हैं, और कचरे को वास्तव में नवीनीकरण स्रोत के रूप में हथियार बनाने के लिए जांचते हैं।

संसाधन पुनर्प्राप्ति और परिप्रेक्षियक अर्थशास्त्र सिद्धांतों के महत्व को पहचानते हुए, हम पुनर्प्रयोग और संसाधन पुनर्प्राप्ति की अधिकतम करने, जैविक कचरे को पोषक-समृद्ध कोम्पोस्ट में परिवर्तित करने के लिए कोम्पोस्टिंग, और जिम्मेदार प्लास्टिक कचरा प्रबंधन के माध्यम से वैश्विक प्लास्टिक प्रदूषण संकट से निपटने में गहरा अध्ययन करते हैं। हम पानी और अपशिष्ट जल प्रबंधन की महत्वपूर्ण भूमिका का भी अध्ययन करते हैं, जो पारिस्थितिकी और जन स्वास्थ्य की सुरक्षा में है।

मेरे विभिन्न यात्राओं पर यूरोपीय और अन्य देशों का आवास, मुझे उनके द्वारा लागू की गई कचरा प्रबंधन प्रणाली को समझाने में मदद मिली और मैंने अपने क्षेत्र में भी अधिकांश तकनीक को लागू करने की कोशिश की जो मेरी कचरा प्रबंधन के लिए जिम्मेदार कंपनी के माध्यम से थी।

यहाँ प्रस्तुत किए गए अध्याय मानव अभिमतता और नवाचार की शक्ति के प्रतीक हैं, जो हम सामना कर रहे हैं कचरा प्रबंधन की चुनौतियों का समाधान कर रहे हैं। प्रत्येक अध्याय मौलिक दृष्टिकोण, व्यावासिक ज्ञान, और प्रेरणादायक उदाहरण प्रदान करता है जो वैश्विक स्तर पर अनुकूलित और लागू किया जा सकता है। इन सफलता की कहानियों को साझा करके, हम व्यक्तियों, संगठनों, और नीति निर्माताओं को क्रियावली में लेने और सतत और साफ भविष्य में योगदान करने के लिए प्रेरित करने की आशा करते हैं।

हम आपको इस परिवर्तनशील यात्रा में हमसे जुड़ने का आमंत्रण देते हैं, जहाँ कचरा एक बोझ के रूप में नहीं देखा जाता है, बल्कि एक मौलिक संसाधन के रूप में प्रयोग में लेने के लिए अनुसंधान कर रहे हैं। आइए मिलकर कचरा प्रबंधन नवाचारों द्वारा प्रस्तुत अवसरों को अपनाएं, कचरे को खजाने में बदल दें और एक अधिक सतत दुनिया का निर्माण करें।

डॉ० सचिन मिश्रा

संस्थापक - केंद्रीय प्रदूषण नियंत्रण केंद्र (सी० पी० सी०), वाराणसी

sachinsanatanig20@gmail.com

৩৩৩

1

कचरा प्रबंधन

कचरा प्रबंधन एक अत्यंत महत्वपूर्ण विषय है जिसे विचारशीलता और योग्यता से संचालित किया जाना चाहिए। कचरे को अनदेखा करना और उसे सही तरह से प्रबंधित नहीं करना भविष्य में बड़ी समस्या को उत्पन्न कर सकता है।

यदि कचरा प्रबंधन ठीक तरह से किया जाए, तो हम कचरे को पुनः प्रयोग में ला सकते हैं, उसे पुनर्वितरण कर सकते हैं या उसे सूचीबद्ध तरीके से नष्ट कर सकते हैं ताकि यह पारिस्थितिकी तंत्र में कम से कम प्रभाव डाले।

मुख्य समस्या यह है कि अधिकांश लोग कचरे को "अदृश्य" मानते हैं, जब एक बार वह उसे फेंक देते हैं। लेकिन सच्चाई यह है कि वह कचरा कहीं ना कहीं जाता है और अक्सर उराका प्रभाव हमारे पारिस्थितिकी तंत्र और स्वास्थ्य पर होता है।

समाज के हर सदस्य को इस विषय पर जानकारी और शिक्षा देने की जरूरत है और उन्हें अवगत कराना चाहिए कि उनके द्वारा उत्पन्न किए जा रहे कचरे का प्रबंधन कैसे किया जाना चाहिए क्योंकि समाज और पर्यावरण में इसका क्या प्रभाव पड़ता है। हमें अपने जीवनशैली में संविधानिक और योग्यतापूर्ण परिवर्तन करने की जरूरत है ताकि हम कचरे को कम करें, पुनः प्रयोग करें और पुनर्वितरण करें।

जब हम इसे व्यावसायिक एवं व्यक्तिगत स्तर पर अपनाते हैं, तो हम पारिस्थितिकी तंत्र को स्वस्थ और संरचित रूप में रख सकते हैं।

कचरे का सही तरीके से प्रबंधन नहीं होना न केवल हमारे प्रदूषण से संबंधित मुद्दों को जटिल बनाता है, बल्कि यह जलवायु परिवर्तन, प्रकृतिक संसाधनों की समस्या और बढ़ती हुई बीमारियों की समस्या को भी जटिल बना देता है।

फिर भी, कचरे को प्रकृतिक आपदाओं की मुख्य कारण मानना थोड़ा अत्यधिक हो सकता है। जबकि अन्यूक्त प्लास्टिक और अन्य असंगठित तरीके से निपटे गए स्थायी सामग्री पारिस्थितिकी तंत्र में प्रभाव डाल सकते हैं, बाढ़, भूकंप और अन्य प्राकृतिक आपदाएँ ज्यादातर पृथ्वी के अंतर्गत गतिविधियों और जलवायु परिवर्तन के अन्य कारकों के परिणामस्वरूप ही होती हैं।

हमें अपने उपयोग की गई सामग्री और कचरे को सही तरीके से प्रबंधित करने की जरूरत है। इससे हम अपने पर्यावरण की सुरक्षा कर सकते हैं, और उसे स्वस्थ और संरचित रूप में रख सकते हैं। यदि हम यह नहीं करते हैं, तो हम आने वाली पीढ़ियों के लिए एक स्थायी और हानिकारक पर्यावरण छोड़ सकते हैं। इसलिए, सही कचरा प्रबंधन, पुनः प्रयोग, पुनर्निर्माण और कचरे को कम करने के उपायों को अपनाना आवश्यक है।

किसी भी कचरे को ठीक से निपटाने के लिए उसे संग्रह, परिवहन और कुछ खास प्रक्रिया करनी पड़ती है, जिसे कचरा प्रबंधन कहा जाता है।

कचरा क्या है और यह किस प्रकार का होता है?

मनुष्य अपने रोजमर्रा की जिंदगी में अनेक पदार्थों का प्रयोग करता है। जब वह पदार्थ उपयोग हो जाता है या अधिक नहीं चाहिए होता, तो हम उसे बाहर फेंक देते हैं। ऐसा ही सामग्री को हम 'कचरा' या 'मलबा' कहते हैं। इसे पाँच विभिन्न श्रेणियों में विभाजित किया जाता है।

जैविक कचरा

जैविक कचरा सबसे अधिक घरों में पैदा होने वाला कचरा है। इसमें, बच हुआ खाना, फलों और सब्जियों की छिलका, पौधों के तने, अंडे की खोल आदि शामिल होते हैं। यह कचरा जल्दी सड़ जाता है और इससे बदबू आती है। इसका सही समय पर प्रबंधन नहीं किया जाए तो यह पर्यावरण में जीवाणु और अन्य अनवांछित जीवों को आकर्षित कर सकता है। जैविक कचरा को कम्पोस्टिंग द्वारा प्राकृतिक खाद में परिवर्तित किया जा सकता है।

तरल कचरा

तरल कचरा वह अपशिष्ट है जो तरल अवस्था में है और यह हमारे घरों, संगठनों और उद्योगों से उत्पन्न होता है।

गंदा पानी:

यह मुख्यतः घरों और उद्योगों से आने वाला उपयोग किया हुआ पानी है। इसमें साबुन, शैम्पू, खाद्य पदार्थ और अन्य अपशिष्ट समाहित होते हैं। जब यह पानी नदियों और समुद्रों में जाता है तो यह जल प्रदूषण का कारण बनता है।

जैविक तरल पदार्थ:

जैविक तरल पदार्थ से मतलब है कि जैविक अपशिष्ट जैसे कि फलों और सब्जियों का रस, डेयरी उत्पादों का पानी आदि। ये प्रदूषण का स्रोत हो सकते हैं यदि उन्हें उचित रूप से प्रबंधित नहीं किया जाए।

अपशिष्ट डिटर्जेंट:

डिटर्जेंट्स जो कि वस्त्र और उत्पादों को साफ करने के लिए उपयोग होते हैं, उनमें कैमिकल्स होते हैं जिससे जल में प्रदूषण हो सकता है। उचित डिटर्जेंट प्रबंधन बिना यह पानी जीवन के लिए हानिकारक हो सकता है।

बारिश का पानी:

जब बारिश होती है, तो यह पानी जमीन पर गिरकर धूल, मिट्टी, तेल, ग्रीस और अन्य प्रदूषकों को साथ लेकर जाता है। इस प्रकार, यह पानी बिना साफ किए हुए जल स्रोतों में मिलकर जल प्रदूषण का कारण बनता है।

तरल कचरा का सही प्रबंधन करना महत्वपूर्ण है ताकि हम पानी के स्रोतों को स्वच्छ और सुरक्षित रख सकें। इससे जल प्रदूषण को रोका जा सकता है और स्वस्थ जीवन की ओर बढ़ावा दिया जा सकता है।

ठोस कचरा

ठोस कचरा समाज में उत्पादित होने वाले अपशिष्ट सामग्री में से एक मुख्य श्रेणी है। जब हम बात करते हैं ठोस कचरे की, तो इससे हमारा तात्कालिक मन में आने

वाला चित्र प्लास्टिक बैग्स, बोतलें, पैकेट्स आदि का होता है।

वाणिज्यिक और औद्योगिक स्थलों पर ठोस कचरा और भी विविध प्रकार का होता है। यहाँ पर मशीनों के अवशेष, उत्पादन प्रक्रिया में उत्पन्न हुए अपशिष्ट, पैकेजिंग सामग्री, और अन्य विभिन्न प्रकार के उत्पाद इसमें शामिल होते हैं।

घरों में हर दिन उत्पन्न होने वाला ठोस कचरा आमतौर पर खाने के पैकेट्स, प्लास्टिक बैग्स, टूटी बर्तन, पुराने अखबार, कार्डबोर्ड आदि को शामिल करता है।

प्लास्टिक जो कि ठोस कचरे का मुख्य हिस्सा है, बायोडिग्रेडेबल नहीं है, जिससे यह पारिस्थितिकी तंत्र में घुलता नहीं है और लंबे समय तक वहाँ बना रहता है। हालांकि, आजकल पुनर्नवीनीकरण की प्रक्रिया से प्लास्टिक को पुनः प्रयोग में लाया जा सकता है।

अगर हम सही तरीके से ठोस कचरे का प्रबंधन करें, तो हम इससे उत्पन्न होने वाले पारिस्थितिकी प्रभाव को कम कर सकते हैं। इसलिए, हमें इसे सही तरीके से पुनर्नवीनीकरण में भेजना चाहिए और पुनः प्रयोग में लाने के उपायों की तलाश करनी चाहिए।

रिसाइकल रबिश

रिसाइकल रबिश वह कचरा या अपशिष्ट है जिसे हम पुनः प्रयोग में ले सकते हैं। यह सिर्फ एक प्रकार का कचरा नहीं है, बल्कि एक प्रक्रिया है जिसमें उपयोग किए गए सामग्री को फिर से नई उत्पाद में परिवर्तित किया जाता है, ताकि उसका उपयोग फिर से किया जा सके।

कागज, धातु, प्लास्टिक आदि अधिकतर चीजें हैं जो पुनर्नवीनीकरण की जा सकती हैं। कागज को पुनः प्रयोग में लेने से वृक्षों की कटाई को कम किया जा सकता है, धातुओं को पुनर्नवीनीकरण से संसाधनों की बचत होती है, और प्लास्टिक की पुनर्नवीनीकरण से पारिस्थितिकी तंत्र में प्लास्टिक के हानिकारक प्रभाव को कम किया जा सकता है।

अधिकतर शहरों में स्थानीय प्रशासन द्वारा रिसाइकलिंग डिपो तथा केंद्र स्थापित

किए गए हैं जहाँ निवासी अपना पुनः प्रयोज्य सामग्री जमा कर सकते हैं। जब यह सामग्री इन केंद्रों में जमा होती है, तो वहां उन्हें विभाजित किया जाता है और फिर उन्हें उनके मूल संसाधनों में परिवर्तित किया जाता है।

अगर हम सभी नागरिक इस प्रक्रिया में सहयोग दें, तो हम अपने धरती को स्वच्छ और पर्यावरण को सुरक्षित रख सकते हैं। इससे हमारे संसाधनों की भी बचत होती है और पारिस्थितिकी तंत्र को संरक्षित किया जा सकता है।

खतरनाक कचरा

खतरनाक कचरा वह सामग्री है जो मानव स्वास्थ्य, प्राणियों और पारिस्थितिकी तंत्र पर हानिकारक प्रभाव डाल सकता है। यह कचरा विभिन्न प्रकार के होते हैं और इसे सामान्य कचरे से अलग तरीके से प्रबंधित किया जाता है, ताकि इससे कोई भी प्रकार का हानि न हो।

ज्वलनशील कचराः इसमें वह सभी पदार्थ शामिल हैं जो आसानी से जल सकते हैं। जैसे की पेट्रोल, डिजल, विभिन्न प्रकार के गैसेस आदि।

विषाक्त कचराः विषैले पदार्थ, जैसे की बैटरी अम्ल, उद्योगिक रसायन, और विषाक्त औषधियाँ इस श्रेणी में आते हैं। इनसे संपर्क में आने पर स्वास्थ्य को खतरा होता है।

संक्षारक कचराः यह से अभिप्रेत है वह सामग्री जो जीवन के अन्य स्तरों को नुकसान पहुंचा सकती है। जैसे की कुछ प्रकार के अम्ल और क्षार।

प्रतिक्रियाशील कचराः ऐसे पदार्थ जो अन्य पदार्थों के संपर्क में आने पर प्रतिक्रिया करते हैं। जैसे की उच्च प्रतिक्रियाशील धातु और रसायन।

खतरनाक कचरा का प्रबंधन करते समय इसे विचारशीलता से और सुरक्षित तरीके से संग्रहित और निष्कासित किया जाना चाहिए। उदाहरण स्वरूप, ज्वलनशील पदार्थ को अलग तरीके से स्टोर किया जाना चाहिए, ताकि वह जल न जाए और विषाक्त पदार्थों को विशेष तरीके से संग्रहित और निष्कासित किया जाना चाहिए ताकि वे पारिस्थितिकी तंत्र में न जाएं।

इसी प्रकार, संक्षारक और प्रतिक्रियाशील पदार्थों का भी उचित और सुरक्षित प्रबंधन होना चाहिए। इस प्रकार, खतरनाक कचरे को सही तरीके से प्रबंधित करके हम स्वास्थ्य और पारिस्थितिकी तंत्र की सुरक्षा सुनिश्चित कर सकते हैं।

संक्षेप में, कचरा हमारे जीवन का अविभाज्य हिस्सा है, और इसे सही तरीके से प्रबंधित करना हमारे जीवन के लिए, पर्यावरण के लिए और हमारी आने वाली पीढ़ी के लिए भी महत्वपूर्ण है। इसलिए हमें अपने आप को जागरूक करना चाहिए और कचरे को उसके प्रकार के अनुसार अलग-अलग तरीके से फेंकना चाहिए ताकि हम इसे पुनः प्रयोग में ला सकें या इसे सुरक्षित तरीके से निष्कासित कर सकें।

स्वच्छता केवल एक व्यक्तिगत आदत नहीं है, बल्कि हरित भविष्य के प्रति एक साझी जिम्मेदारी है।

3

कचरा प्रबंधन के उपाय

अतीत में लोग गड्ढा बनाकर उसमें कचरा दबोच दिया करते थे। उस समय के लोगों के लिए कचरे से निजात पाने का यही एक मात्र समाधान था| हालांकि, आज हम ऐसा नहीं कर सकते क्योंकि पहले लोगों की संख्या और उत्पन्न होने वाला कचरा अब की तुलना में बहुत ही कम था।

वर्तमान समय में हमारी जनसंख्या और उत्पन्न कचरा बहुत अधिक है। साथ ही, अगर हम आज के समय में कचरे को ज़मीन में दफन करें, तो वहाँ कीट-पतंग और अन्य जीव बढ़ सकते हैं। इससे बड़े स्तर पर रोग प्रसार हो सकता है। इसका मतलब है कि आजकल कचरे का समुचित प्रबंधन बहुत महत्वपूर्ण है। इसे सुधारने के लिए अनेक समाधान और पद्धतियां हैं, जिसके बारे में हमें समझना चाहिए|

रीसाइक्लिंग (पुनर्चक्रण)

अपशिष्ट सामग्री को पुनः प्राप्त करके उसे नवीन प्रोडक्ट्स में रूपांतरित करने का कार्य प्रणाली को 'रीसाइक्लिंग' कहलाता है। इस अभिगम के माध्यम से अपशिष्ट में मौजूद मूल्यवान सामग्रियों की अनावश्यक नष्ट से बचाव किया जा सकता है। रीसाइक्लिंग से उत्पन्न वस्तुएं और सामग्री अनेक उद्योगों में प्राथमिक सामग्री के रूप में प्रयुक्त होती हैं। इसे अनुसरण करने से हवा और जल का प्रदूषण को कम किया जा सकता है और यह ग्रीनहाउस गैसों के उत्सर्जन को भी घटाता है।

भूमि-भराई (लैंडफ़िल)

भूमि-भराई वह स्थल है जहां अपशिष्ट संग्रहीत किया जाता है। सादा शब्दों में कहें तो, जब अपशिष्ट को जमीन में गाड़ दिया जाता है तो उसे 'भूमि-भराई' कहते हैं। हालांकि लोगों द्वारा घर बसे हुए इलाकों में इसे स्थापित नहीं किया जाता क्योंकि इससे बदबू उत्पन्न होती है। भूमि-भराई अपशिष्ट प्रबंधन का सबसे प्रमुख तरीका है।

इस प्रक्रिया में, अपशिष्ट को भूमि-भराई स्थल पर ले जाकर विभाजित किया जाता है, ताकि जो भी सामग्री पुनर्प्रयोग में आ सकती है वह पुनर्चक्रित हो। फिर उस अपशिष्ट को छोटे हिस्सों में तोड़कर जमीन में गाड़ दिया जाता है। कुछ स्थलों पर, भूमि-भराई से मीथेन गैस निर्माण होता है, जिसका प्रयोग ऊर्जा प्राप्ति के लिए किया जाता है। हालाँकि, आज के समय में इस तकनीक का इस्तेमाल घटता जा रहा है क्योंकि धरती पर लोगों की संख्या बढ़ रही है और अपशिष्ट को गाड़ने के लिए जगह की कमी हो रही है|

खाद्य

कचरा प्रसंस्करण के विभिन्न तरीकों में से खाद्य प्रक्रिया प्राकृतिक, साधारण और पारिस्थितिकी तंत्र के अनुसार एक महत्वपूर्ण तरीका है। इस विधि में हम जैविक सामग्री, जैसे कि वृक्षों की टहनियाँ, पत्तियाँ और रसोई घर के अवशेषों को संग्रहित करते हैं, और फिर उन्हें समय के साथ सड़ने देते हैं जिससे उनमें मौजूद जीवाणु उन्हें पूरी तरह अपघटित कर देते हैं। इसका परिणाम स्वरूप उर्वरक बन जाता है, जिसे खेतों में भी उपयोग किया जा सकता है। खाद्य विधि से हम अपघटित जैविक अवशेषों को मूल्यवान और पौधों के लिए पोषक उर्वरक में परिवर्तित कर सकते हैं। हालांकि, इस प्रक्रिया का अधिकतर जनता में उपयोग और पहचान कम है, लेकिन इसका महत्व अधिक है और इसे बढ़ावा देना चाहिए।

दाहन प्रक्रिया (भस्मीकरण)

प्रदूषण को रोकने और पारिस्थितिकी तंत्र को संरक्षित रखने के लिए ठोस कचरों

का सही प्रबंध की आवश्यकता है। अधिकतर, यह वही ठोस कचरा है जो प्रदूषण और अन्य पारिस्थितिकी समस्याओं का कारण बनता है। इस प्रकार के ठोस अपशिष्ट का प्रबंधन और उन्हें अस्थायी रूप से समाप्त करने के लिए 'दाहन प्रक्रिया' का विस्तार से उपयोग होता है। इस तकनीक में, ठोस अपशिष्ट को उच्च तापमान पर जलाया जाता है जिससे वह छोटे अवशेष और गैसों में बदल जाता है। विशेषत: अमेरिका, जापान और अन्य उन्नत देशों में यह प्रक्रिया आम तौर पर अपशिष्ट प्रबंधन के लिए प्रयुक्त होती है। भारत में भी कई नगर निगम इसी तकनीक का इस्तेमाल कर रहे हैं ताकि शहर का कचरा सही तरीके से प्रबंधित किया जा सके।

अनौक्षिक विघटन (गैसीकरण)

गैसीकरण की प्रक्रिया में अपशिष्ट को उच्च तापमान पर संप्रेषित किया जाता है, जिससे वह विविध गैसों में विभाजित होता है। इसे किसी ऐसे माहौल में किया जाता है जहाँ ऑक्सीजन की मात्रा बहुत ही कम होती है। इसका मुख्य फायदा यह है कि पर्यावरण को इससे अधिकांशत: कम असर पड़ता है।

अनोक्सिक परिवर्तन (पाइरोलिसिस)

पाइरोलिसिस जैसा एक और उपाय है जिसमें अपशिष्ट को बिना ऑक्सीजन के उच्च तापमान में संप्रेषित किया जाता है। इसके परिणामस्वरूप, अपशिष्ट में विभाजित होने वाले घटक स्थायी रूप से अलग हो जाते हैं और इसमें किसी भी प्रकार की जलन नहीं होती है। इस प्रक्रिया का मुख्य लाभ है कि इरासे जारी होने वाली गैसें या अन्य प्रदूषक तत्व पर्यावरण के लिए हानिकारक नहीं होते।

इस तरह, उपरोक्त दोनों प्रक्रियाओं का सही तरीके से उपयोग करके, हम अपशिष्ट प्रबंधन को अधिक कुशल और पर्यावरण के लिए सुरक्षित बना सकते हैं। इससे पारिस्थितिकी तंत्र में संतुलन बना रहता है और समुदायों में स्वास्थ्य और स्वच्छता के मानक भी बेहतर होते हैं।

❧

"कचरा में अवसर है; चलिए संवर्धनपूर्ण प्रथाओं के माध्यम से इसे मौलिक संसाधन में परिवर्तित करें।"

4

कचरे का प्रभाव

आजकल हमारे चारों ओर विभिन्न प्रकार का कचरा उत्पन्न हो रहा है। जैसे-जैसे समाज में उपभोग की भावना बढ़ रही है, वैसे-वैसे कचरा भी बढ़ता जा रहा है। भोजन और उद्यान से संबंधित अपशिष्ट, निर्माण और विध्वंस संबंधित मलबा, खनन क्षेत्र से उत्थित कचरा, औद्योगिक प्रक्रियाओं से बाहर निकलने वाले अपशिष्ट, उपयोग की गई वस्त्र और पुराने फर्नीचर, प्लास्टिक बैग, कागज, सैनिटरी उत्पाद, पुराने टेलीविजन, वाहन, बैटरी आदि सभी अपशिष्ट हमें घेरे में ले लिया है। इस समस्या को हल करना और स्वच्छ वातावरण को बनाए रखना हम सभी की जिम्मेदारी है।

आजकल, हमारा पर्यावरण विभिन्न प्रकार के कचरे के नकारात्मक प्रभाव में है। जब इस अपशिष्ट का सस्थालन होता है, तो उससे मीथेन गैस उत्सर्जित होती है, जिसकी वायुमंडलीय उस्मान योग्यता कार्बन डाइऑक्साइड की तुलना में 84 गुना अधिक है। इसके अलावा, गैसें जैसे की भीथेन, नाइट्रस ऑक्साइड और कार्बन डाइऑक्साइड जलवायु परिवर्तन और ग्लोबल वार्मिंग को प्रेरित करती हैं, जिससे पृथ्वी पर तापक्रम में अनियमित वृद्धि हो रही है। वास्तव में, हाल ही में की गई एक अध्ययन से यह सामने आया है कि 19वीं सदी के अंत से अब तक पृथ्वी का तापमान लगभग 1.1 डिग्री सेल्सियस बढ़ चुका है। इससे स्पष्ट है कि अगर हम इस समस्या पर ध्यान नहीं देंगे, तो पर्यावरणीय संकट और भी बढ़ सकता है।

समुद्रों में प्लास्टिक प्रदूषण का प्रकोप अब असहनीय स्तर पर पहुंच चुका है। हर वर्ष, व्हेल, पक्षी, और समुद्री कछुए जैसे जीवन प्राणी प्लास्टिक के कचरे के चलते

मौत का शिकार हो रहे हैं। इन जीवन प्राणियों में से बहुत से प्लास्टिक बैग को उनका भोजन समझकर खा जाते हैं।

"ANIMALS STUCK" नामक वेबसाइट पर यह आंकड़ा उपलब्ध है कि प्लास्टिक के प्रदूषण से कितनी प्रजातियाँ प्रभावित हो रही हैं। आजकल, 2000 से भी ज्यादा प्रजातियाँ प्लास्टिक के चलते संकट में हैं।

जब जानवर प्लास्टिक में फंसते हैं, तो उन्हें अनेक समस्याएं आती हैं - जैसे की गति में रुकावट, भुख से पीड़ा, जलमग्न होना या अंतरण प्रक्रिया में बाधा। प्लास्टिक में फंसे जानवर अपने आहार की खोज में असमर्थ हो जाते हैं और उन्हें शिकारियों से भी खतरा होता है। फिर भी, वार्षिक रूप से अरबों किलो के मात्रा में प्लास्टिक हमारे महासागरों में छोड़ दिया जाता है। अनुमान है कि समुद्रों में 15-15 खरब प्लास्टिक के टुकड़े तैर रहे हैं।

यह सब जानकारी से हमें समझ में आता है कि प्लास्टिक प्रदूषण कितना घातक है। इसके अतिरिक्त, बिजली और इलेक्ट्रॉनिक उपकरणों से उत्पन्न अपशिष्ट भी पर्यावरण और हमारे स्वास्थ्य के लिए खतरनाक साबित होता है।

अब आपको स्पष्ट होगा कि कचरा किस प्रकार हमारे पारिस्थितिकी तंत्र में हानि पहुंचा सकता है। इस समस्या का समाधान तभी संभव है जब हम सभी मिलकर इसे रोकने के लिए प्रयासशील हों। लोगों को इसके गंभीर परिणामों के प्रति जागरूक करने से, हम उम्मीद कर सकते हैं कि वे कचरे की उत्पादन मात्रा को कम करेंगे। इसलिए, आइए हम सभी जागरूकता फैलाने में अपनी भागीदारी निभाएं।

एक स्वच्छ पर्यावरण सतत कचरे प्रबंधन के चुनाव के साथ ही शुरू होता है।

5

कचरा प्रबंधन के नुकसान

कचरा प्रबंधन मतलब अपशिष्ट समग्री को संचालित और पुनः प्रयोग के लिए पुनर्वितरण करने का प्रक्रिया है, इसके अपने नुकसान भी होते हैं। पहली बात तो यह है कि इस प्रक्रिया को सफलतापूर्वक चलाने के लिए हमें न केवल मानव संसाधन की जरूरत होती है, बल्कि इसमें वित्तीय रूप से भी बड़ी लागत आती है।

पुनर्चक्रण जैसी प्रक्रियाएं जिनमें प्लास्टिक, कागज, और अन्य सामग्री को पुनः प्रयोग के लिए तैयार किया जाता है, वह वित्तीय रूप से महंगी होती हैं। इसके अलावा, लैंडफ़िल स्थलों में कचरे को संचय करने और उसे समाप्त करने की प्रक्रिया भी पर्यावरण पर बुरा प्रभाव डालती है।

भारत जैसे विकसित देशों में, जहां वित्तीय संसाधन सीमित हैं, इस प्रकार के महंगे प्रबंधन तंत्र को अपनाना समस्यापूर्ण होता है। इस समस्या का समाधान तक पहुंचने के लिए नवाचार और सुधार की जरूरत होती है, जिससे की प्रबंधन प्रक्रियाएं सामाजिक और आर्थिक रूप से संतुलित हो सकें।

कचरा प्रबंधन की प्रक्रियाओं में संलग्न श्रमिकों को कई सारी चुनौतियों का सामना करना पड़ता है, जिसमें सबसे महत्वपूर्ण उनका स्वास्थ्य है। वे सीधे उस कचरे से संपर्क में आते हैं जिसमें विभिन्न प्रकार के जीवाणु और कीटाणु होते हैं, जो उनके स्वास्थ्य के लिए खतरनाक साबित हो सकते हैं।

कचरे में विभिन्न प्रकार की दुर्गंध होती है, जिससे श्रमिकों को श्वास संक्रमण, चक्कर और अन्य स्वास्थ्य संक्रमण की संभावना होती है। इसके साथ ही, जब कचरा जलाया जाता है, तो उससे उत्सर्जित होने वाली धुंआ और हानिकारक गैसें मानव स्वास्थ्य को प्रभावित करती हैं। यह गैसें फेफड़ों, आंखों और त्वचा को भी नुकसान पहुंचा सकती हैं।

इसलिए, जब भी कचरा प्रबंधन की बात होती है, तो श्रमिकों की सुरक्षा और स्वास्थ्य की चिंता हमेशा सबसे ऊपर होती है। इन समस्याओं के उपयुक्त समाधान के लिए सही उपकरण, प्रशिक्षण और सुरक्षा प्रोटोकॉल की जरूरत होती है।

भारतीय संस्कृति में प्रकृति की महत्वपूर्ण भूमिका है। हमारी प्राकृतिक संपदा हमारी संस्कृति, धरोहर और हमारे जीवन का अभिन्न हिस्सा है। जब हम कचरा प्रबंधन की ओर ध्यान नहीं देते, तो हम सीधे तरीके से अपनी जड़ों को ही क्षति पहुंचा रहे हैं। प्रकृति हमें जीवन, स्वास्थ्य और संस्कृति देती है, और इसका संरक्षण हम सभी की प्राथमिक जिम्मेदारी होनी चाहिए।

हमें चाहिए कि हम सभी जागरूक रहें और कचरे के प्रबंधन में सहयोग करें, ताकि हम अपने आने वाले पीढ़ियों को भी एक स्वच्छ, सुंदर और स्वस्थ प्रकृति का उपहार दे सकें। अगर हम आज से ही इस दिशा में कदम उठाएं, तो हमारा आने वाला कल और भी बेहतर होगा। इसलिए, हर एक व्यक्ति को चाहिए कि वह प्रकृति की सुरक्षा में अपनी भागीदारी निभाए और कचरे के सही प्रबंधन में योगदान करे।

"स्वच्छता एक विकल्प नहीं है, बल्कि एक स्वस्थ और खुशहाल समाज की एक आवश्यकता है।"

6

कचरा प्रबंधन: जरूरत और महत्व

आज के समय में कचरा प्रबंधन की अधिक आवश्यकता है क्योंकि अनुचित तरीके से फैलाया गया कचरा मानव स्वास्थ्य और पारिस्थितिकी तंत्र में संघटक समस्या पैदा करता है। औद्योगिक अपशिष्ट से भूमि की उर्वरा शक्ति में कमी होती है, जिससे भूमि का संरचना और उपजाऊता नष्ट हो जाता है। अधिकतर, अन्यायिक तरीके से डाले गए कचरे के कारण मलेरिया, टी.बी, पीलिया, और हैजा जैसी घातक बीमारियां पैदा होती हैं।

ई-कचरा एक और महत्वपूर्ण मुद्दा है। इसमें पाये जाने वाले जहरीले पदार्थ जैसे आर्सेनिक, मरफरी, लेड, और कैडमियम मनुष्य के स्वास्थ्य और पारिस्थितिकी तंत्र के लिए हानिकारक हैं। विश्व के ई-कचरे के चार प्रतिशत हिस्से का उत्पादन भारत में होता है, जो एक चिंताजनक बात है।

इसके अतिरिक्त, हमारी रोजमर्रा की जिंदगी में प्रयुक्त होने वाले अन्य पदार्थ जैसे प्लास्टिक, कांच, धातु, और इलेक्ट्रॉनिक सामग्री भी पारिस्थितिकी तंत्र में दीर्घकालिक समस्या पैदा करते हैं। ये पदार्थ प्राकृतिक तरीके से टूट जाने में समय लेते हैं, जबकि हमारे देश में प्रतिवर्ष इस तरह के कचरे का उत्पादन लगभग 960 मिलियन टन है।

इसलिए, सही कचरा प्रबंधन की आवश्यकता है ताकि हम इन समस्याओं से बच

सकें और एक स्वस्थ और सशक्त पारिस्थितिकी तंत्र में जीवन जी सकें।

कचरा प्रबंधनः एक आवश्यकता और जिम्मेदारी

कचरा प्रबंधन वह प्रक्रिया है, जिसमें कचरे को संग्रहित, परिवहित, पुनः प्रयोग और अंततः निष्पादित किया जाता है, ताकि इससे पर्यावरण को कम से कम हानि पहुंचे।

अनधिकृत तरीके से डाले गए कचरे से भूमि की उपजता में गिरावट आती है, और वह बंजर हो जाती है। इससे हमारी जीवन की मूल आवश्यकता - खाद्य - पर भी प्रभाव पड़ता है क्योंकि खेतों की उपज कम हो जाती है। अन्य तरफ, जब यह कचरा सड़ने लगता है, तो उससे निकलने वाली दुर्गन्ध से स्थानीय वातावरण दूषित होता है, और विभिन्न घातक रोगों का संक्रमण भी होता है।

जब इस कचरे का पानी हमारी नदियों, तालाबों और अन्य जल स्रोतों में मिल जाता है, तो जलीय प्रजातियों को भी खतरा होता है। और अगर इसी कचरे को बिना किसी सोच-समझ के जला दिया जाए, तो यह हमारी वायुमंडल को भी प्रदूषित कर देता है।

इस प्रकार, सही प्रबंधन के बिना कचरा तीनों - भूमि, जल और वायु - को प्रदूषित कर सकता है। इसलिए, कचरे के सही और जिम्मेदार तरीके से प्रबंधन की अत्यधिक आवश्यकता है, ताकि हम अपने पर्यावरण को सुरक्षित रख सकें और स्वस्थ जीवन जी सकें।

"कचरा प्रबंधन सिर्फ निपटान के बारे में नहीं है, बल्कि एक संवर्धनपूर्ण पारिस्थितिकी तंत्र को पालने के बारे में है।"

7

पुनर्प्रयोग और संसाधन पुनर्प्राप्ति

अपशिष्ट से मौलिक सामग्री के पुनर्प्रयोग और पुनर्प्राप्ति को अधिकतम करना

पुनर्प्रयोग और संसाधन पुनर्प्राप्ति सतत अपशिष्ट प्रबंधन प्रणालियों के आवश्यक घटक हैं। इन प्रथाओं का उद्देश्य अपशिष्ट उत्पादन को न्यूनतम करना, संसाधन संरक्षण करना, और अपशिष्ट निपटान के पारिस्थितिकी प्रभाव को घटाना है। इस अध्याय में पुनर्प्रयोग और संसाधन पुनर्प्राप्ति की अवधारणा पर विचार किया गया है, जिसमें अपशिष्ट से मौलिक सामग्री के पुनर्प्रयोग और पुनर्प्राप्ति को अधिकतम करने के महत्व को उजागर किया गया है।

पुनर्प्रयोग को समझना:

पुनर्प्रयोग अपशिष्ट सामग्री को इकट्ठा करने, विभाजित करने, और नई उत्पादों को उत्पादित करने के लिए प्रसंस्करण में शामिल है। यह अपशिष्ट को लैंडफिल से बाहर रखने और मौलिक संसाधनों की संरक्षण की एक मुख्य रणनीति है। अपशिष्ट को उत्पादन के लिए कच्चा सामग्री में परिवर्तित करके, पुनर्प्रयोग अधिकतम सामग्री को प्रतिष्ठानित और प्रसंस्करण की आवश्यकता को घटाता है, ऊर्जा की संरक्षण करता है और हरित गैस उत्सर्जन को घटाता है।

संग्रहण और वर्गीकरण:

प्रभावी अपशिष्ट संग्रहण और वर्गीकरण प्रणालियां पुनर्प्रयोग के लिए महत्वपूर्ण हैं। विभिन्न प्रकार के अपशिष्ट, जैसे कि कागज, प्लास्टिक, ग्लास, और धातु, के लिए अलग संग्रहण योजनाओं को लागू करना आसान वर्गीकरण को संभव बनाता है और पुनर्प्रयोगित सामग्री की शुद्धता में वृद्धि करता है। रंग-कोडिट बिन, शिक्षा अभियान, और नवाचारी संग्रहण विधियों का उपयोग करना स्रोत पर सही अपशिष्ट पृथक्करण को प्रोत्साहित कर सकता है।

पुनर्प्रयोग प्रौद्योगिकियां:

विभिन्न पुनर्प्रयोग प्रौद्योगिकियाँ विभिन्न प्रकार की अपशिष्ट सामग्रियों को प्रसंस्करण करने के लिए इस्तेमाल की जाती हैं। मैकेनिकल पुनर्प्रयोग अपशिष्ट को उत्पादन के लिए कच्चा सामग्री में परिवर्तित करने के लिए वर्गीकरण और प्रसंस्करण में शामिल है। रासायनिक पुनर्प्रयोग एवं रासायनिक प्रक्रियाओं का उपयोग करके अपशिष्ट को नई सामग्री के उत्पादन के लिए खाद्य सामग्री में परिवर्तित करता है। पायरोलिसिस और डिपोलिमराइजेशन जैसी उन्नत प्रौद्योगिकियाँ संघटित अपशिष्ट धाराओं को मौलिक संसाधनों में परिवर्तित करने के नवाचारी तरीके प्रदान करती हैं।

बंद-चक्र प्रणालियां:

बंद-चक्र प्रणालियां एक पारिपूर्ण अर्थव्यवस्था को समर्थन देने के लिए सुनिश्चित करती हैं कि सामग्रियाँ पुनर्प्रयोग की जाती हैं और उत्पादन चक्र में पुनः परिचयित की जाती हैं। निर्माता बंद-चक्र प्रणालियों को अपनाने में महत्वपूर्ण भूमिका निभा रहे हैं, जहां वे अपने उत्पादों के लिए पुनर्प्रयोगित सामग्रियों का उपयोग करते हैं। इस दृष्टिकोण से, अधिकतम संसाधनों पर निर्भरता को कम करना, अपशिष्ट उत्पादन को घटाना, और एक अधिक सतत और संसाधन-कुशल उत्पादन प्रक्रिया को बढ़ावा देना है।

विस्तारित निर्माता जिम्मेदारी:

विस्तारित निर्माता जिम्मेदारी (EPR) प्रोग्राम उत्पादकों पर अपशिष्ट प्रबंधन की

जिम्मेदारी रखते हैं। उनके उत्पादों के अंतिम जीवन के प्रबंधन के लिए निर्माताओं को जिम्मेदार बनाकर, EPR प्रोग्राम पारिस्थितिकी उत्पादों के डिज़ाइन को प्रोत्साहित करते हैं, पुनर्प्रयोग को बढ़ावा देते हैं, और प्रभावी पुनर्प्रयोग आधारिकता का विकास प्रोत्साहित करते हैं। EPR प्रोग्राम जोखिमपूर्ण और इलेक्ट्रॉनिक अपशिष्ट के संग्रहण और उचित निपटान का भी समर्थन करते हैं।

नवाचारी पुनर्प्रयोग समाधान:

नवाचार पुनर्प्रयोग और संसाधन पुनर्प्राप्ति प्रथाओं में अग्रसर होने में महत्वपूर्ण भूमिका निभा रहा है। प्रकट हो रही प्रौद्योगिकियाँ, जैसे कि रोबोटिक्स और कृत्रिम बुद्धिमत्ता, अपशिष्ट वर्गीकरण और प्रसंस्करण की क्षमता में वृद्धि कर सकती हैं। सामग्री डिज़ाइन और पैकेजिंग में नवाचार आसान पुनर्प्रयोग को सुनिश्चित कर सकते हैं और उत्पादों की पुनर्प्रयोज्यता में वृद्धि कर सकते हैं। अनुसंधानकर्ता, उद्यमिता, और अपशिष्ट प्रबंधन प्रतिष्ठानों के बीच सहयोग नवाचारी पुनर्प्रयोग समाधानों का विकास करने में सहायक है।

उपभोक्ता शिक्षा और सहभागिता:

उपभोक्ताओं में पुनर्प्रयोग और संसाधन पुनर्प्राप्ति के महत्व के प्रति जागरूकता बढ़ाना आवश्यक है। शैक्षिक अभियान प्रतिस्पर्धात्मक अपशिष्ट निपटान, पुनर्प्रयोग के लाभों पर जोर दे सकते हैं, और उचित अपशिष्ट पृथक्करण पर मार्गदर्शन प्रदान कर सकते हैं। सुविधाजनक पुनर्प्रयोग सुविधाओं, प्रोत्साहित कार्यक्रमों, और समुदाय सहभागिता के माध्यम से उपभोक्ता सहभागिता को प्रोत्साहित करना, पुनर्प्रयोग संस्कृति को बढ़ावा देने में मदद करता है और पुनर्प्रयोग दरों में वृद्धि करता है।

बाजार विकास और मांग:

पुनर्प्रयोगित सामग्रियों के लिए मजबूत बाजारों का विकास पुनर्प्रयोग प्रयासों को बनाए रखने के लिए महत्वपूर्ण है। सरकारें, व्यापार, और उपभोक्ता पुनर्प्रयोगित उत्पादों की खरीददारी और उपयोग का समर्थन करना चाहिए। पुनर्प्रयोगित सामग्रियों के लिए मांग बनाने से पुनर्प्रयोग आधारिकता में निवेश, नवाचार में

प्रेरणा, और पुनर्प्रयोग की आर्थिक व्यावासिकता को मजबूत करना है।

पुनर्प्रयोग और संसाधन पुनर्प्राप्ति सतत अपशिष्ट प्रबंधन रणनीतियों के अभिन्न घटक हैं। अपशिष्ट से मौलिक सामग्रियों के पुनः प्रयोग और पुनर्प्राप्ति को अधिकतम करके, हम संसाधन संरक्षण कर सकते हैं, अपशिष्ट को कचरा स्थलों पर भेजने में कमी कर सकते हैं, और पारिस्थितिकी प्रभावों को न्यूनतम कर सकते हैं। प्रभावी संग्रहण और वर्गीकरण प्रणालियों को लागू करना, विविध पुनर्प्रयोग प्रौद्योगिकियों का उपयोग करना, बंद-चक्र प्रणालियों को अपनाना, और उपभोक्ता शिक्षा और सहभागिता को बढ़ावा देना विचारशील पुनर्प्रयोग प्रणालियों की मूल आवश्यकताएं हैं।

"कचरा घटाने की हर छोटी क्रिया एक साफ और हरा-भरा धरती को बनाने में योगदान करती है।"

8

भवन और विध्वंस अपशिष्ट प्रबंधन

निर्माण मलबे के समुचित निपटान और पुनः प्रयोग (Construction and Demolition Waste Management)

भवन और विध्वंस (C&D) गतिविधियां पर्यावरण और सततता की चुनौतियों का सामना करने वाली अधिक मात्रा में अपशिष्ट उत्पन्न करती हैं। C&D अपशिष्ट का समुचित प्रबंधन संसाधन की कमी को न्यूनतम करने, कचरा स्तल के बोझ को कम करने, और पुनः प्रयोग और पुनर्चक्रण को प्रोत्साहित करने के लिए आवश्यक है।

अपशिष्ट वर्गीकरण:

C&D अपशिष्ट की संरचना और मात्रा को समझना प्रभावी अपशिष्ट प्रबंधन के लिए महत्वपूर्ण है। C&D अपशिष्ट में सामग्री जैसे कि कंक्रीट, लकड़ी, धातु, प्लास्टिक, ईंटें, और एस्फाल्ट शामिल हैं। अपशिष्ट धाराओं को वर्गीकृत करके, निर्माण कंपनियां विभिन्न प्रकार की सामग्री के लिए उपयुक्त निपटान और पुनः प्रयोग की रणनीतियां लागू कर सकती हैं।

स्थल पर अपशिष्ट प्रबंधन:

स्थल पर अपशिष्ट प्रबंधन प्रथाओं को लागू करना C&D अपशिष्ट की उत्पादन को न्यूनतम करने में मदद कर सकता है। इसमें प्रभावी परियोजना योजना, सटीक सामग्री अनुमान, और प्रभावी सूची प्रबंधन शामिल है। सामग्री का सही उपयोग और अधिक आदेश देने को कम करके, निर्माण कंपनियां अपशिष्ट उत्पादन को कम कर सकती हैं और परियोजना की लागत को घटा सकती हैं।

अपशिष्ट विभाजन और छंटाई:

C&D अपशिष्ट के प्रभावी पुनरावलोकन के लिए स्रोत पर सही विभाजन और छंटाई अत्यंत महत्वपूर्ण है। निर्माण स्थलों पर विभिन्न प्रकार की अपशिष्ट सामग्रियों को अलग करने के लिए सौंपे गए क्षेत्र होने चाहिए। रंगीन डस्ट बिन या कंटेनर को स्पष्ट संकेत और दिशा-निर्देश प्रदान करके, कर्मचारियों को सही तरीके से अपशिष्ट को पुनः प्रयोग और निपटान को सुगम बनाते हुए विभाजित करने में मदद मिलती है|

पुनः प्रयोग और पुनर्चक्रण:

C&D अपशिष्ट के पुनः प्रयोग और पुनर्चक्रण को प्रोत्साहित करना सतत अपशिष्ट प्रबंधन के लिए कुंजी है। विभिन्न सामग्री, जैसे कंक्रीट, धातु, लकड़ी, और प्लास्टिक, पुनः प्रयोग किया जा सकता है और नई निर्माण परियोजनाओं के लिए कच्चे माल के रूप में उपयोग किया जा सकता है। निर्माण कंपनियां को पुनः प्रयोग संयंत्रों के साथ सहयोग करना चाहिए ताकि सही छंटाई, प्रक्रिया, और पुनः प्रयुक्त सामग्रियों का सही उपयोग सुनिश्चित हो सके।

बचत और विध्वंस:

बचत और विध्वंस तकनीकें ध्यान से संरचनाओं को विघटित करके पुनः प्रयोग योग्य सामग्री को पुनः प्राप्त करने में शामिल हैं। इस दृष्टिकोण से मौलिक भवन

संघटकों, जैसे कि दरवाजे, खिड़कियां, उपकरण, और फर्श की संरक्षण की अनुमति है। बची हुई सामग्री को पुनः प्रयोग किया जा सकता है या बचत यार्ड को बेचा जा सकता है, नई सामग्रियों की मांग को कम करते हुए और अपशिष्ट उत्पादन को घटाते हुए।

अपशिष्ट निपटान और कचरा स्तल में घटाव:

हालांकि पुनः प्रयोग और पुनर्चक्रण पसंदीदा विकल्प हैं, कुछ C&D अपशिष्ट अब भी समुचित निपटान की जरूरत हो सकती है। निर्माण कंपनियां को अधिकृत अपशिष्ट प्रबंधन संयंत्रों के साथ काम करना चाहिए ताकि संबोधन निपटान प्रक्रियाएं सुनिश्चित हों। लैंडफिल में अपवाह लक्ष्यों को लागू करना और अपशिष्ट से ऊर्जा परिवर्तन जैसे वैकल्पिक निपटान विधियों को प्रोत्साहित करना, लैंडफिल में भेजे जाने वाले अपशिष्ट की मात्रा को और भी घटा सकता है।

सहयोग और साझेदारियां:

प्रभावी C&D अपशिष्ट प्रबंधन के लिए हितधारकों, जैसे कि निर्माण कंपनियां, अपशिष्ट प्रबंधन एजेंसियां, पुनः प्रयोगकर्ता, और नियामक निकायों, के बीच सहयोग की आवश्यकता है। साझेदारियां विकसित करना और पुनः प्रयोग जालों को स्थापित करना अपशिष्ट प्रबंधन प्रक्रियाओं को सरलीकृत कर सकता है, नवाचार को प्रोत्साहित कर सकता है, और निर्माण उद्योग में एक परिप्रेक्ष्यक अर्थश।।स्त्र बना राकता है।

शिक्षा और प्रशिक्षण:

निर्माण पेशेवरों को समुचित C&D अपशिष्ट प्रबंधन के महत्व के बारे में शिक्षित करना आवश्यक है। प्रशिक्षण कार्यक्रमों को अपशिष्ट विभाजन, पुनः प्रयोग तकनीकों, और जिम्मेदार अपशिष्ट प्रबंधन के आर्थिक और पारिस्थितिकी लाभों पर ध्यान केंद्रित करना चाहिए। निर्माण कामकाजी के बीच जागरूकता और ज्ञान बढ़ाने से व्यवहारिक परिवर्तनों को प्रोत्साहित किया जा सकता है और उद्योग में सततता की संस्कृति को बढ़ावा दिया जा सकता है।

निर्माण और विध्वंस अपशिष्ट का समुचित प्रबंधन सतत निर्माण प्रयासों को

प्रोत्साहित करने और उद्योग के पारिस्थितिकी प्रभाव को घटाने के लिए महत्वपूर्ण है। अपशिष्ट का वर्णन करके, स्थल पर अपशिष्ट प्रबंधन प्रयासों को लागू करके, अपशिष्ट विभाजन और छंटाई को प्रोत्साहित करके, पुनः प्रयोग और पुनर्चक्रण को प्रोत्साहित करके, बचत और विध्वंस विधियों का अन्वेषण करके, लैंडफिल निपटान को घटाकर, सहयोग और साझेदारियों को बढ़ावा देने और शिक्षा और प्रशिक्षण प्रदान करके, निर्माण क्षेत्र C&D अपशिष्ट समस्याओं का समुचित रूप से समाधान कर सकता है।

"हमारी धरती कोई कचरे का डंप नहीं है; चलिए कचरा प्रबंधन को प्राथमिकता दें और इसकी प्राकृतिक सुंदरता की सुरक्षा करें।"

9

जल और अपशिष्ट जल प्रबंधन

पारिस्थितिकी तंत्र और जन स्वास्थ्य की सुरक्षा के लिए अपशिष्ट जल का उपचार और प्रबंधन

जल और अपशिष्ट जल प्रबंधन स्वच्छ और सुरक्षित जल आपूर्ति को सुनिश्चित करने, साथ ही पारिस्थितिकी तंत्र और जन स्वास्थ्य की सुरक्षा का एक महत्वपूर्ण पहलु है। इस अध्याय में प्रदूषण को रोकने, जल संसाधनों की संरक्षण, और सतत प्रथाओं को बढ़ावा देने के लिए अपशिष्ट जल का प्रभावी रूप से उपचार और प्रबंधन के महत्व को गहरे से समझाया गया है।

अपशिष्ट जल को समझना:

अपशिष्ट जल से मतलब है वह उपयोग किया गया जल जिसमें विभिन्न प्रदूषक और असंगत तत्व होते हैं। इसमें घरेलू अपशिष्ट जल, उद्योगों और वाणिज्यिक स्रोतों से उत्पन्न अपशिष्ट जल शामिल है। जल शरीरों के संक्रमण को रोकने और जन स्वास्थ्य की सुरक्षा के लिए अपशिष्ट जल का सही प्रबंधन अत्यंत महत्वपूर्ण है।

अपशिष्ट जल उपचार प्रक्रियाएं:

अपशिष्ट जल उपचार में ऐसी प्रक्रियाएं शामिल होती हैं जो प्रदूषक और असंगत

तत्वों को जल से निकालती हैं इसे पुनः पारिस्थितिकी तंत्र में डिस्चार्ज किया जा सकता है या पुनः प्रयोग किया जा सकता है। प्राथमिक उपचार में बड़े ठोस अंशों के चलन और अवसादन की प्रक्रियाओं के माध्यम से निकाला जाता है। माध्यमिक उपचार जैविक प्रक्रियाओं का उपयोग करता है जो जैविक पदार्थ को तोड़ता है और घुले हुए पदार्थों को निकालता है। तृतीयक उपचार जल की गुणवत्ता को और अधिक परिष्कृत करता है, पोषक और अन्य शेष पदार्थों को निकालता है।

जैविक उपचार विधियां:

जैविक उपचार विधियाँ, जैसे कि सक्रिय कीचड़ प्रक्रियाएं और जीवाणु निर्वाहन, अपशिष्ट जल में मौजूद जैविक प्रदूषकों को घटाने के लिए सूक्ष्मजीवों का उपयोग करते हैं। ये सूक्ष्मजीव जैविक पदार्थ को उपभोग करते हैं, इसे हानिरहित उपउत्पादों में परिवर्तित करते हैं। जैविक उपचार प्रभावी, लागत-कुशल और पारिस्थितिकी तंत्र में मित्रवत है, अपशिष्ट जल उपचार संयंत्र में एक महत्वपूर्ण भूमिका निभाता है।

भौतिक और रासायनिक उपचार विधियाँ:

भौतिक और रासायनिक उपचार प्रक्रियाएं अपशिष्ट जल से अवसादित ठोस, रोगजनक और अन्य असंगत तत्वों को निकालने के लिए प्रयुक्त की जाती हैं। सहसंजोधन, फ्लोकुलेशन, अवसादन, और फिल्ट्रेशन जैसी तकनीकों का उपयोग ठोस कणों को अलग करने और जल को संक्रामक मुक्त करने के लिए किया जाता है। मेम्ब्रेन फिल्ट्रेशन और पराबैंगनीक (UV) संक्रामकता निवारण जैसी उन्नत प्रक्रियाएं उपचार किए गए अपशिष्ट जल की गुणवत्ता को और भी बढ़ाती हैं।

अपशिष्ट जल पुनः प्रयोग और संसाधन पुनर्प्राप्ति:

जल की घातकता को संबोधित करने और सततता को बढ़ावा देने के लिए, अपशिष्ट जल के पुनः प्रयोग और संसाधन पुनर्प्राप्ति का महत्व बढ़ रहा है। उपचारित अपशिष्ट जल को पीने योग्य उद्देश्यों के लिए प्रयोग किया जा सकता है, जैसे सिंचाई, औद्योगिक प्रक्रियाएं, और पारिस्थितिकी तंत्र पुनर्वास। पलट ओस्मोसिस और पराबैंगनीक (UV) संक्रामकता निवारण जैसी उन्नत उपचार

प्रौद्योगिकियाँ पुनः प्रयुक्त अपशिष्ट जल की सुरक्षा और गुणवत्ता को सुनिश्चित करती हैं। अपशिष्ट जल से संसाधन पुनर्प्राप्ति, जैसे ऊर्जा, पोषक और मौलिक रसायनों की प्राप्ति, इसकी संभावना को और भी अधिकतम बनाती है।

वृष्टिजल प्रबंधन:

वृष्टिजल प्रबंधन अपशिष्ट जल प्रबंधन का अभिन्न हिस्सा है, विशेष रूप से शहरी क्षेत्रों में। उचित वृष्टिजल प्रबंधन प्रथाएं, जैसे कि संचारण तालाबों, हरी प्रधान संरचना, और वर्षाजल संग्रहण का उपयोग, बाढ़ को रोकने, अपरदन को घटाने, और जल शरीरों में प्रदूषकों के प्रवाह को कम करने में मदद करता है।

समेकित जल प्रबंधन:

समेकित जल प्रबंधन दृष्टिकोण जल आपूर्ति से अपशिष्ट जल उपचार और पुनः प्रयोग तक पूरे जल चक्र को ध्यान में रखता है। समेकित जल प्रबंधन रणनीतियों को अपनाने से, स्टेकहोल्डर जल उपयोग को अनुकूलित कर सकते हैं, प्रदूषण को घटा सकते हैं, और कृषि, औद्योगिकी, और घरेलू उद्देश्यों के लिए सतत जल आपूर्ति को सुनिश्चित कर सकते हैं।

जल गुणवत्ता मॉनिटरिंग और विनियमन:

जल गुणवत्ता की नियमित निगरानी विनियमों का पालन करने और सार्वजनिक स्वास्थ्य मानकों को बनाए रखने के लिए आवश्यक है। सरकारें और विनियामक निकाय अपशिष्ट जल उपचार और निस्कासन, साथ ही प्राप्ति शरीरों में जल गुणवत्ता के लिए मानदंड और दिशा निर्देश तय करते हैं। निरंतर निगरानी और विनियमन का पालन करना जल संसाधनों की अखिलता को बनाए रखने और पारिस्थितिकी तंत्र की सुरक्षा में महत्वपूर्ण भूमिका निभाता है।

जल और अपशिष्ट जल प्रबंधन स्वच्छ जल आपूर्ति को बनाए रखने, सार्वजनिक स्वास्थ्य की सुरक्षा, और पारिस्थितिकी तंत्र की संरक्षण में मूल है। प्रभावी अपशिष्ट जल उपचार प्रक्रियाओं, सतत प्रथाओं को अपनाने, अपशिष्ट जल पुनः प्रयोग पहलों, और समेकित जल प्रबंधन दृष्टिकोणों के माध्यम से, हम वर्तमान और भविष्य की पीढ़ियों के लिए हमारे जल संसाधनों की सुरक्षा कर सकते हैं।

निरंतर मॉनिटरिंग, अनुसंधान, और स्टेकहोल्डरों के बीच सहयोग प्रभावी जल और अपशिष्ट जल प्रबंधन को सुनिश्चित करने और एक सतत जल भविष्य बनाने में कुंजी है।

"स्वच्छता एक समृद्ध समुदाय की नींव है।"

10

बायोमेडिकल अपशिष्ट प्रबंधन

चिकित्सा अपशिष्ट के सुरक्षित निष्कासन को सुनिश्चित करना ताकि स्वास्थ्य संकट से बचा जा सके।

बायोमेडिकल अपशिष्ट, जिसे स्वास्थ्य या चिकित्सा अपशिष्ट भी कहा जाता है, स्वास्थ्य संरचना की गतिविधियों के दौरान उत्पन्न विभिन्न सामग्रियों को शामिल करता है, जैसे कि अस्पताल, क्लिनिक, प्रयोगशालाएँ, और अनुसंधान संस्थान। बायोमेडिकल अपशिष्ट के सुरक्षित और उचित प्रबंधन की अत्यंत आवश्यकता है ताकि संक्रामक रोगों के प्रसार को रोका जा सके, स्वास्थ्यकर्मियों की सुरक्षा की जा सके और पारिस्थितिकी को सुरक्षित रखा जा सके।

वर्गीकरण और पृथक्करण:

बायोमेडिकल अपशिष्ट के सुरक्षित हैंडलिंग और निष्कासन के लिए उसके सही वर्गीकरण और पृथक्करण की आवश्यकता है। अपशिष्ट को उसकी विशेषताओं के आधार पर श्रेणीबद्ध किया जाना चाहिए, जैसे कि संक्रामक, तेज, रासायनिक, औषधीय, या रोगिक अपशिष्ट। रंग-कोडेड डस्ट बिन्स या कंटेनर्स का अनुपालन करना और स्वास्थ्यकर्मियों को स्पष्ट दिशानिर्देश प्रदान करना विभिन्न प्रकार के अपशिष्ट के सही पृथक्करण को सुनिश्चित करता है।

प्रशिक्षण और जागरूकता:

स्वास्थ्यकर्मियों को बायोमेडिकल अपशिष्ट से संबंधित जोखिमों के बारे में जानकारी प्रदान करने के लिए सम्पूर्ण प्रशिक्षण कार्यक्रमों का आयोजन किया जाना चाहिए। कर्मचारियों को अपशिष्ट पृथक्करण, व्यक्तिगत सुरक्षा उपकरण (PPE) के सही उपयोग और संक्रामण नियंत्रण प्रोटोकॉल का पालन करने पर प्रशिक्षित किया जाना चाहिए। नियमित जागरूकता अभियान से जिम्मेदार अपशिष्ट प्रबंधन प्रथाओं के महत्व को मजबूत किया जा सकता है।

समाहित करना और संग्रहण:

बायोमेडिकल अपशिष्ट को रिग्युलेटरी अनुरूपता में रहते हुए रसीद, चुभने से बचाने वाले और स्पष्ट रूप से चिह्नित कंटेनर्स में संग्रहित किया जाना चाहिए। ये कंटेनर्स को सुरक्षित रूप से बंद किया जाना चाहिए और उन्हें सीमित पहुंच वाले निर्धारित संग्रहण क्षेत्रों में रखा जाना चाहिए। पर्याप्त संकेत और रंग-कोडिंग का पालन किया जाना चाहिए ताकि आसानी से पहचान की जा सके और आकस्मिक प्रवृति से बचा जा सके।

परिवहन और हैंडलिंग:

बायोमेडिकल अपशिष्ट के सुरक्षित परिवहन की आवश्यकता है ताकि संक्रामण से बचा जा सके और स्वास्थ्य जोखिम को न्यूनतम किया जा सके। उन वाहनों का उपयोग किया जाना चाहिए जो समर्थ और प्रशिक्षित कर्मचारियों द्वारा संचालित होते हैं और उनमें उचित समाहित प्रणालियां लगी होती हैं। हैंडलिंग प्रक्रिया को कर्मचारी की सुरक्षा को प्राथमिकता देना चाहिए, जिसमें उपयुक्त PPE का उपयोग और प्रवृति के जोखिम को घटाने के लिए प्रोटोकॉल का पालन शामिल है।

उपचार और निष्कासन:

बायोमेडिकल अपशिष्ट को अंतिम निष्कासन से पहले उचित उपचार की आवश्यकता होती है ताकि इसकी हानिकारक संभावना को समाप्त या घटाया जा

सके। उपचार की विधियां अपशिष्ट के प्रकार के आधार पर हो सकती हैं, जैसे कि ऑटोक्लेविंग, माइक्रोवेविंग, दहन, या रासायनिक संवारण। उपचार संस्थानों को सख्त विनियमों और दिशानिर्देशों का पालन करना चाहिए ताकि संक्रामक एजेंट्स का प्रभावी निरस्तीकरण और शेष प्रत्याशी उत्पादों का सुरक्षित प्रबंधन सुनिश्चित किया जा सके।

अपशिष्ट अधिकतमता और पुनः प्रयोग:

स्वास्थ्य संस्थानों को बायोमेडिकल अपशिष्ट की कुल मात्रा को घटाने के लिए अपशिष्ट अधिकतमता रणनीतियों को अपनाना चाहिए। इसमें आवश्यकता पर आधारित प्रबंधन को अनुकूलित करने, पुनः प्रयोग योग्य तेज कंटेनर्स का लागू करना और डिस्पोजेबल आइटम्स के जिम्मेदार उपयोग को बढ़ावा देने जैसे उपाय शामिल हो सकते हैं। कुछ अवसंक्रामित बायोमेडिकल अपशिष्ट के लिए पुनः प्रयोग पहलों, जैसे कि प्लास्टिक्स और पैकेजिंग सामग्री, का पालन करके पारिस्थितिकी प्रभाव को और भी कम किया जा सकता है।

विनियमात्मक अनुपालन:

बायोमेडिकल अपशिष्ट प्रबंधन के लिए प्रभावी तरीके से विनियमात्मक फ्रेमवर्क और दिशानिर्देशों का पालन महत्वपूर्ण है। स्वास्थ्य संस्थानों को अपशिष्ट निष्कासन, हैंडलिंग, और उपचार से संबंधित स्थानीय, राष्ट्रीय, और अंतरराष्ट्रीय विनियमों पर अद्यतित रहना चाहिए। नियमक प्राधिकृतियों द्वारा नियमित लेखांकन और निरीक्षण स्टैंडड्स का पालन सुनिश्चित करने में मदद करते हैं और अपशिष्ट प्रबंधन प्रथाओं में निरंतर सुधार ड्राइव करते हैं।

समुदाय सहयोग और सहयोग:

समुदाय में प्रतिबद्धता और स्वास्थ्य संस्थानों, अपशिष्ट प्रबंधन कंपनियों, और विनियमक निकायों के बीच सहयोग को बढ़ावा देना बायोमेडिकल अपशिष्ट प्रबंधन के लिए आवश्यक है। जन जागरूकता मुहिम जनता को उचित अपशिष्ट निष्कासन विधियों और अयोग्य हैंडलिंग से संबंधित संभावित जोखिमों के बारे में जानकारी प्रदान कर सकती है। स्टेकहोल्डर्स के बीच सहयोग से नवाचारी

समाधानों का विकास और बायोमेडिकल अपशिष्ट प्रबंधन में सर्वश्रेष्ठ प्रथाओं की आदान-प्रदान की जा सकती है।

बायोमेडिकल अपशिष्ट प्रबंधन सार्वजनिक स्वास्थ्य की सुरक्षा, स्वास्थ्य सेवा कर्मचारियों की सुरक्षा, और पारिस्थितिकी की संरक्षण के लिए महत्वपूर्ण है। प्रभावी वर्गीकरण, पृथक्करण, प्रशिक्षण, समाहित, उपचार, और निष्कासन प्रथाओं के माध्यम से, हम बायोमेडिकल अपशिष्ट के सुरक्षित हैंडलिंग और जिम्मेदार निष्कासन को सुनिश्चित कर सकते हैं। विनियमों का पालन, अपशिष्ट अधिकतमता प्रयास, और समुदाय में जागरूकता बढ़ाने के अभियान इस प्रक्रिया को और भी प्रभावी बना सकते हैं। यदि इसे सही तरीके से प्रबंधित नहीं किया जाता है, तो बायोमेडिकल अपशिष्ट से जुड़े जोखिम और संकट समुदाय और पारिस्थितिकी के लिए बढ़ सकते हैं। इसलिए, हर संस्थान और समुदाय को इस पर विचार करना और उचित प्रतिक्रिया और संसाधनों को लागू करना चाहिए ताकि स्वास्थ्य और पारिस्थितिकी की सुरक्षा को सुनिश्चित किया जा सके।

"कचरा प्रबंधन एक बोझ नहीं है, बल्कि एक संवर्धनपूर्ण भविष्य बनाने का अवसर है।"

11

औद्योगिक अपशिष्ट प्रबंधन

उद्योगों द्वारा उत्पन्न अपशिष्ट का प्रबंध करने के लिए प्रभावी विधियाँ

औद्योगिक अपशिष्ट, यदि उचित रूप से प्रबंधित नहीं किया जाता है, तो पारिस्थितिकी और स्वास्थ्य के लिए महत्वपूर्ण जोखिम डाल सकता है। उद्योग विविध प्रकार की अपशिष्ट सामग्री उत्पन्न करते हैं, इसलिए अपशिष्ट प्रबंधन की प्रभावी रणनीतियों को लागू करना महत्वपूर्ण है। इस अध्याय में औद्योगिक अपशिष्ट का प्रबंध करने के विभिन्न तरीकों और दृष्टिकोणों का अध्ययन किया गया है और एक जिम्मेदार नागरिक के तरह अपशिष्ट निपटान के महत्व को उजागर किया गया है।

अपशिष्ट वर्णन:

औद्योगिक अपशिष्ट की संरचना और विशेषताओं को समझना उचित प्रबंधन रणनीतियों को विकसित करने के लिए आवश्यक है। अपशिष्ट को उसकी भौतिक, रासायनिक, और जैविक गुणधर्मों के आधार पर श्रेणीबद्ध किया जाना चाहिए, जिससे सही हाथ से लेने-देने, उपचार, और निष्कासन की अनुमति हो। इससे खतरनाक अपशिष्ट, अ-खतरनाक अपशिष्ट और संभावित रूप से पुनः प्रयोज्य सामग्री की पहचान की जा सकती है।

स्रोत की कमी और अपशिष्ट की न्यूनतमः

औद्योगिक अपशिष्ट प्रबंधन का सबसे प्रभावी दृष्टिकोण स्रोत की कमी और अपशिष्ट की न्यूनतम है। उद्योगों को उत्पादन प्रक्रियाओं को अनुकूलित करने, स्वच्छ प्रौद्योगिकियों को लागू करने और पुनः प्रयोज्य और पुनः प्रयोग की पहलों को अपनाने पर ध्यान केंद्रित करना चाहिए। स्रोत में अपशिष्ट उत्पन्न होने की घातकता को कम करके, उद्योग पारिस्थितिकी प्रभाव को घातकता को न्यूनतम कर सकते हैं और अपशिष्ट के उपचार और निपटान की जरूरत को घटा सकते हैं।

पुनः प्रयोज्य और संसाधन पुनः प्राप्तिः

पुनः प्रयोज्य और संसाधन पुनः प्राप्ति औद्योगिक अपशिष्ट प्रबंधन में महत्वपूर्ण भूमिका निभाती है। उद्योगों को अपशिष्ट धाराओं से मौलिक सामग्री को पुनः प्राप्त करने के लिए प्रभावी पुनः प्रयोज्य कार्यक्रमों को लागू करना चाहिए। इसमें पुनः प्रयोज्य सामग्री को अलग करना, संग्रहण प्रणालियों की स्थापना करना और पुनः प्रयोज्य सुविधाओं के साथ सहयोग करना शामिल है। पुनः प्रयोज्य सिर्फ अपशिष्ट की मात्रा को घटाने में ही सीमित नहीं है, बल्कि संसाधनों की संरक्षण करता है और कच्चे माल पर निर्भरता को घटाता है।

उपचार और संतुलनः

कुछ प्रकार के औद्योगिक अपशिष्ट का उपचार और संतुलन की जरूरत होती है, ताकि वे पारिस्थितिकी पर अपने हानिकारक प्रभाव को घटा सकें। उपचार विधियाँ जैसे कि भौतिक, रासायनिक, या जैविक प्रक्रियाएँ, प्रदूषकों को हटाने या घटाने के लिए इस्तेमाल की जा सकती हैं। संतुलन प्रक्रियाएं अम्लीय या अल्कली अपशिष्ट के पीएच स्तरों को समायोजित करने में मदद करती हैं, ताकि इसे निपटान या आगे के उपचार के लिए सुरक्षित बनाया जा सके।

दहनः

दहन कुछ प्रकार के औद्योगिक अपशिष्ट का प्रबंध करने के लिए वैध तरीका है।

यह उच्च तापमान पर अपशिष्ट के नियंत्रित दहन में शामिल है, इसे राख, गैस, और गर्मी में परिवर्तित कर देता है। उन्नत दहन प्रौद्योगिकियों के साथ उचित वायु प्रदूषण नियंत्रण प्रणालियों की मदद से वायुमंडल में हानिकारक प्रदूषकों के मुक्त होने को घटाया जा सकता है। दहन को ऐसे अपशिष्ट के लिए उपयोग किया जाना चाहिए जो पुनः प्रयोज्य नहीं हो सकते या अन्य विधियों के माध्यम से उपचारित नहीं किया जा सकता।

अपशिष्ट का सुरक्षित निष्कासन और लैंडफिलः

जिस औद्योगिक अपशिष्ट को पुनः प्रयोज्य, उपचारित या दहन नहीं किया जा सकता, उसके लिए सुरक्षित लैंडफिल एक विकल्प है। हालांकि, यह महत्वपूर्ण है और सुनिश्चित किया जाए कि लैंडफिल कड़ी से कड़ी नियमों का पालन करते हुए उचित आवरण, लीचेट संग्रहण प्रणालियाँ, और मॉनिटरिंग तंत्र हो। सुरक्षित निष्कासन मृदा और भूजल के प्रदूषण को रोकने में मदद करता है।

संख्या और परिसर में प्रदूषण का अनुमानः

औद्योगिक अपशिष्ट प्रबंधन में महत्वपूर्ण पहलू यह है कि अपशिष्ट उत्पादन की संख्या और परिसर में प्रदूषण के प्रभाव का अनुमान लगाना है। इससे उचित प्रबंधन योजना तैयार की जा सकती है और प्रभावी तरीके से अपशिष्ट को निष्कासित किया जा सकता है।

औद्योगिक अपशिष्ट की प्रबंधन की योजना को विचारपूर्ण रूप से डिज़ाइन और लागू किया जाना चाहिए ताकि यह पारिस्थितिकी पर नकारात्मक प्रभाव को घटा सके और संसाधनों के दक्ष उपयोग को प्रोत्साहित कर सके। अपशिष्ट प्रबंधन की योजना में पुनर्प्रयोग, पुनः प्रयोज्य, उपचार, और दहन जैसी विभिन्न प्रक्रियाओं का उपयोग होना चाहिए, ताकि अपशिष्ट को सुरक्षित और प्रभावी तरीके से प्रबंधित किया जा सके।

"एक साफ दुनिया की कुंजी हमारे हाथ में है; चलिए जिम्मेदार कचरा प्रबंधन का अभ्यास करें।"

12

कृषि अपशिष्ट प्रबंधन

कृषि उपउत्पादों और अवशेषों को संभालने के लिए सतत दृष्टिकोण

कृषि गतिविधियाँ उपउत्पादों और अवशेषों के रूप में एक महत्वपूर्ण मात्रा में अपशिष्ट उत्पन्न करती हैं। कृषि अपशिष्ट का प्रभावी प्रबंधन पारिस्थितिकी प्रदूषण को न्यूनतम करने, सतत कृषि को प्रोत्साहित करने और संसाधनों का अधिकतम उपयोग करने के लिए अत्यंत आवश्यक है।

अपशिष्ट वैशिष्ट्यकरणः

कृषि अपशिष्ट की संरचना और विशेषताओं को समझना उचित प्रबंधन रणनीतियों को विकसित करने के लिए महत्वपूर्ण है। कृषि अपशिष्ट में फसल अवशेष, पशु मल, कृषि प्लास्टिक और कृषि रसायन कंटेनर शागिल हैं। अपशिष्ट धाराओं की वैशिष्ट्यकरण से किसान उपयुक्त विधियों की पहचान, उपचार और उपयोग कर सकते हैं।

कंपोस्ट और जैविक पुनर्प्रयोजनः

कंपोस्टिंग जैविक पदार्थ से समृद्ध कृषि अपशिष्ट का प्रबंधन करने का एक सतत तरीका है। फसल अवशेष और पशु मल को उपयुक्त कार्बन स्रोतों के साथ मिलाकर, किसान पोषण समृद्ध कंपोस्ट तैयार कर सकते हैं। यह कंपोस्ट मृदा में संशोधन के रूप में उपयोग किया जा सकता है, जो मृदा की उर्वरा शक्ति,

जल संचारण और सूक्ष्मजैविक गतिविधि को बढ़ावा देता है। जैविक पुनर्प्रयोजन अनैरोबिक पाचन के माध्यम से अपशिष्ट को जैव ऊर्जा में परिवर्तित करने में भी शामिल है, जो विभिन्न कृषि अनुप्रयोगों के लिए जैवगैस उत्पन्न करता है।

बायोमास और ऊर्जा उत्पादन:

कृषि अपशिष्ट, जैसे की फसल अवशेष आदि बायोमास ऊर्जा उत्पादन के लिए उपयोग किया जा सकता है। बायोमास को उस्मा, विद्युत या जैव ईंधन में परिवर्तित किया जा सकता है जैसे दहन, गैसीकरण या पायरोलिसी की प्रक्रियाओं के माध्यम से। कृषि अपशिष्ट का ऊर्जा उत्पादन के लिए उपयोग करने से जीवाश्म ईंधन पर निर्भरता को कम किया जाता है और कृषि कार्यवलियों के लिए एक अक्षय ऊर्जा स्रोत प्रदान किया जाता है।

पोषक प्रबंधन:

कृषि अपशिष्ट, विशेष रूप से पशु मल, में मौलिक पोषक होते हैं जो मृदा में पुनः प्रयोज्य किए जा सकते हैं। उचित पोषक प्रबंधन प्रक्रियाओं को लागू करके इन पोषकों का सही उपयोग सुनिश्चित किया जाता है और जल प्रदूषण के जोखिम को घटाया जाता है। कंपोस्टिंग, अनैरोबिक पाचन और मल के सटीक अनुप्रयोग जैसी तकनीकों का उपयोग करके मृदा की उर्वरा शक्ति को बनाए रखा जाता है और पारिस्थितिकी प्रभावों को घटाया जाता है।

संरक्षण कृषि:

नो-तिल या घटित-तिल की खेती जैसे संरक्षण कृषि प्रक्रियाएं कृषि अपशिष्ट उत्पादन को महसूसी रूप से कम कर सकती हैं। मृदा परिवर्तन को न्यूनतम करके, इन प्रक्रियाओं से फसल के अवशेष को खेत पर ही बनाए रखने में मदद मिलती है, जिससे मृदा की संरचना, जल संचारण और जैविक पदार्थ सामग्री में सुधार होता है। संरक्षण कृषि कृत्रिम इनपुट्स की आवश्यकता को भी घटाती है और सतत कृषि प्रणालियों को प्रोत्साहित करती है।

जल प्रबंधन:

कृषि अपशिष्ट प्रबंधन में कुशल जल प्रबंधन का महत्वपूर्ण योगदान है। टपक जल सिंचाई या सटीक स्प्रिंकलर जैसी सिंचाई तकनीकों को लागू करके जल की अपव्यय को न्यूनतम किया जाता है और जल शरीरों में कृषि रसायनों के निकल जाने को कम किया जाता है। उचित निकासी प्रणालियां जल जमाव को रोकती हैं, जल संसाधनों का प्रभावी उपयोग सुनिश्चित करती हैं और पारिस्थितिकी प्रभावों को न्यूनतम करती हैं।

समाहित कीट प्रबंधन:

समाहित कीट प्रबंधन (IPM) रणनीतियां रासायनिक कीटनाशकों पर निर्भरता को कम करती हैं, उनका पारिस्थितिकी प्रभाव को न्यूनतम करती हैं। IPM निवारक उपायों, जैविक नियंत्रण विधियों और पारिस्थितिकी अनुकूल विकल्पों का ध्यान केंद्रित करता है। IPM प्रक्रियाओं को लागू करके, किसान कृषि अपशिष्ट में कीटनाशक अवशेषों के संचय को कम कर सकते हैं और एक स्वास्थ्यवर्धक और सतत कृषि प्रणाली को प्रोत्साहित कर सकते हैं।

जागरूकता और शिक्षा:

किसानों को सतत कृषि अपशिष्ट प्रबंधन प्रक्रियाओं के बारे में जागरूक करना और शिक्षा प्रदान करना महत्वपूर्ण है। विस्तार सेवाएँ, किसान प्रशिक्षण कार्यक्रम, और शैक्षिक अभियान कृषि अपशिष्ट प्रबंधन तकनीकों को अधिक प्रमोट कर सकते हैं। सफलता की कहानियां, श्रेष्ठ प्रक्रियाएं, और सतत अपशिष्ट प्रबंधन के आर्थिक लाभ साझा करके किसानों को प्रेरित किया जा सकता है इन प्रक्रियाओं को लागू करने के लिए।

सतत कृषि अपशिष्ट प्रबंधन पारिस्थितिकी सततता, संसाधन संरक्षण, और सतत कृषि प्रणालियों को प्रोत्साहित करने के लिए महत्वपूर्ण है। अपशिष्ट की विशेषताओं को समझकर, कंपोस्टिंग और जैविक पुनरावृत्ति को लागू करके, बायोमास का उपयोग ऊर्जा उत्पादन के लिए करते हुए, जल प्रबंधन में कुशलता प्राप्त करते हुए, संरक्षण कृषि और समाहित कीट प्रबंधन को अपनाते हुए, और

जागरूकता और शिक्षा को बढ़ावा देते हुए, हम कृषि अपशिष्ट को प्रभावी रूप से संचालित कर सकते हैं, जबकि खेती की प्रयुक्ति को बढ़ावा देते हुए और पारिस्थितिकी प्रभाव को न्यूनतम करते हुए।

"स्वच्छता हमारी स्वयं, दूसरों, और पर्यावरण के प्रति हमारी सम्मान का परिणाम है।"

13

प्लास्टिक अपशिष्ट प्रबंधन

प्लास्टिक का कचरा वैश्विक पारिस्थितिकी संकट बन गया है, इसका प्रभाव पारिस्थितिकी तंतु, वन्यजीवन और मानव स्वास्थ्य पर है। प्लास्टिक कचरे का प्रभावी प्रबंधन इस समस्या का सामना करने और इसके नकारात्मक प्रभावों को कम करने के लिए आवश्यक है। इस अध्याय में प्लास्टिक कचरे के प्रबंधन की अवधारणा में गहरा अवबोधन किया गया है, जिसमें वैश्विक प्लास्टिक प्रदूषण संकट का सामना करने में जिम्मेदार अपशिष्ट प्रबंधन प्रथाओं के महत्व को बताया गया है।

प्लास्टिक कचरे को समझना:

प्लास्टिक कचरा एक विस्तृत श्रेणी में फेंके गए प्लास्टिक सामग्री का हिस्सा है, जैसे एकल उपयोग प्लास्टिक, पैकेजिंग कचरा और उन प्लास्टिक उत्पादों को जो उनके जीवनचक्र के अंत में हैं। प्लास्टिक को उसकी स्थायिता के लिए जाना जाता है, जो सैकड़ों सालों तक पर्यावरण में बना रहता है, प्रदूषण में योगदान करता है और गंभीर पारिस्थितिकी समस्याओं का सामना करता है।

प्लास्टिक कचरे का पारिस्थितिकी प्रभाव:

अयोग्य निष्कासन और अधिकृत प्लास्टिक कचरे का प्रबंधन पारिस्थितिकी तंत्र के लिए गंभीर परिणाम ला सकता है। प्लास्टिक कचरा पानी के शरीरों में जा

पहुंचता है, समुद्री प्रदूषण का कारण बनता है और समुद्री जीवन को उलझन और सेवन के माध्यम से खतरा पहुंचाता है। प्लास्टिक कचरे का लैंडफिल में संचय पारिस्थितिकी तंत्र को विघटित करता है, हानिकारक रसायनों को छोड़ता है, और मिट्टी और पानी के संक्रमण में योगदान करता है। प्लास्टिक कचरा अपने निर्माण और अपघात प्रक्रियाओं के दौरान हरितगृह गैस (ग्रीनहाउस) गैस उत्सर्जनों में भी योगदान करता है।

कम करें, पुनः उपयोग करें, पुनर्प्रयोग करें:

प्लास्टिक कचरे के जिम्मेदार प्रबंधन के तीन स्तंभ हैं - कम करें, पुनः उपयोग करें, और पुनर्प्रयोग करें। प्लास्टिक उपयोग को कम करके पुनः प्रयोग योग्य विकल्पों का चयन करना और सतत जीवनशैली के विकल्पों को अपनाना प्लास्टिक कचरे की उत्पत्ति को न्यूनतम करने में पहला कदम है। प्लास्टिक उत्पादों और पैकेजिंग का पुनः उपयोग करने से नए प्लास्टिक सामग्री की मांग को कम किया जा सकता है। प्लास्टिक कचरे को नए उत्पादों में पुनर्प्रयोग करना संसाधनों की सुरक्षा करता है, ऊर्जा की बचत करता है, और कन्या प्लास्टिक निर्माण की आवश्यकता को कम करता है।

प्लास्टिक कचरे का संग्रह और छंटाई:

प्लास्टिक कचरे के प्रभावी प्रबंधन के लिए कुशल संग्रहण और छंटाई प्रणालियां अत्यंत महत्वपूर्ण हैं। पेट, एचडीपीई, और पीवीसी जैसे विभिन्न प्रकार के प्लास्टिक के लिए अलग संग्रहण धाराएँ स्थापित करना सही तरीके से छंटाई को संभावित बनाता है और पुनर्प्रयोजित सामग्रियों की गुणवत्ता में वृद्धि करता है। नवाचारी संग्रहण विधियाँ, जैसे जमा वापसी प्रणालियाँ और विस्तारित निर्माता जिम्मेदारी कार्यक्रम, उचित निष्कासन को प्रोत्साहित करते हैं और पुनर्प्रयोग को बढ़ावा देते हैं।

प्लास्टिक पुनर्प्रयोग प्रौद्योगिकियाँ:

प्लास्टिक पुनर्प्रयोग प्रौद्योगिकियाँ प्लास्टिक कचरे को मौलिक संसाधनों में परिवर्तित करने में महत्वपूर्ण भूमिका निभाती हैं। मैकेनिकल पुनर्प्रयोग में

प्लास्टिक कचरे की छंटाई और प्रसंस्करण को नए प्लास्टिक उत्पादों के निर्माण के लिए कच्चे माल में परिवर्तित किया जाता है। रासायनिक पुनर्प्रयोग में रासायनिक प्रक्रियाओं का उपयोग करके प्लास्टिक को इसके आणविक घटकों में तोड़ दिया जाता है, जिसे विभिन्न अनुप्रयोगों के लिए फीडस्टॉक के रूप में उपयोग किया जा सकता है। प्रौद्योगिकियों जैसे पायरोलिसिस और डिपोलीमराइजेशन प्लास्टिक कचरे के परिवर्तन के लिए प्रतिष्ठानपूर्ण मार्ग प्रदान करते हैं।

परिप्रेक्ष्य पारिस्थितिकी तंत्र और प्लास्टिक कचरा:

प्लास्टिक कचरे प्रबंधन में परिप्रेक्ष्य पारिस्थितिकी तंत्र दृष्टिकोण को अपनाने का उद्देश्य कचरे की उत्पत्ति को न्यूनतम करना और प्लास्टिक सामग्रियों की मूल्यवानता को उनके जीवनचक्र भर में अधिकतम करना है। पुनर्प्रयोजन के लिए उत्पादों को डिज़ाइन करना, संवृत लूप प्रणालियों को बढ़ावा देना, और प्लास्टिक मौलिक श्रृंखला में हितधारकों के बीच सहयोग बढ़ाना प्लास्टिक के लिए एक परिप्रेक्ष्य पारिस्थितिकी तंत्र प्राप्त करने के लिए कुंजी रणनीतियाँ हैं।

नवाचार और विकल्प:

नवाचार एकल उपयोग प्लास्टिक के सतत विकल्पों को खोजने और प्लास्टिक कचरे प्रबंधन के लिए अधिक कुशल प्रौद्योगिकियों को विकसित करने में निर्णायक भूमिका निभाता है। जैविकता और संपोस्ट योग्य प्लास्टिक पारिस्थितिकी अनुकूल विकल्प प्रदान करते हैं, जबकि अक्षय संसाधनों से प्राप्त प्लास्टिक पारंपरिक ईंधन पर निर्भरता को कम करते हैं। अनुसंधान और विकास को बढ़ावा देना, स्टार्टअप्स का समर्थन करना, और प्लास्टिक उद्योग में नवाचार को प्रोत्साहित करना प्लास्टिक मुक्त भविष्य की दिशा में प्रगति की और बढ़ने में मदद करता है।

नीति और अंतर्राष्ट्रीय सहयोग:

प्लास्टिक प्रदूषण से सफलतापूर्वक निपटने के लिए मजबूत नीतियाँ, विनियमन, और अंतर्राष्ट्रीय सहयोग अत्यंत आवश्यक हैं। सरकारें एकल उपयोग प्लास्टिक पर प्रतिबंध या प्रतिबंध लागू कर सकती हैं, विस्तारित निर्माता जिम्मेदारी

योजनाएं पेश कर सकती हैं, और प्लास्टिक कचरे प्रबंधन के लिए आधारिक संरचना में निवेश कर सकती हैं। अंतर्राष्ट्रीय सहयोग प्लास्टिक प्रदूषण को व्यापक रूप से संबोधित कर सकता है, जिम्मेदार प्लास्टिक कचरे प्रबंधन के लिए सर्वोत्तम प्रथाएं, ज्ञान, और प्रौद्योगिकियों का साझा कर सकता है।

प्लास्टिक कचरे प्रबंधन एक दबावपूर्ण वैश्विक चुनौती है, लेकिन परिप्रेक्ष्य पारिस्थितिकी तंत्र दृष्टिकोण, नवाचार, और सहयोग के माध्यम से इस पर समाधान संभव है। अगर हम सहयोग करते हैं और यथासंभाव प्रयास करते हैं, तो हम प्लास्टिक प्रदूषण को नियंत्रित कर सकते हैं और हमारे पारिस्थितिकी तंत्र को स्वस्थ और संतुलित बना सकते हैं।

"कचरा प्रबंधन कोई प्रवृत्ति नहीं है; यह हमारे धरती की संरक्षण की दिशा में प्रतिबद्धता है।"

14

कम्पोस्टिंग और जैविक अपशिष्ट प्रबंधन

जैविक अपशिष्ट को पोषक-समृद्ध कम्पोस्ट में परिवर्तित करना

कम्पोस्टिंग और जैविक अपशिष्ट प्रबंधन सतत अपशिष्ट प्रयासों में महत्वपूर्ण भूमिका निभाते हैं। जैविक अपशिष्ट को कचरा स्थलों में भेजने के बजाय, कम्पोस्टिंग इस अपशिष्ट को पोषक-समृद्ध कम्पोस्ट में परिवर्तित करने का मूल्यवान समाधान प्रदान करता है। इस अध्याय में कम्पोस्टिंग और जैविक अपशिष्ट प्रबंधन की अवधारणा का अन्वेषण किया गया है, जिसमें जैविक अपशिष्ट को कम्पोस्टिंग के माध्यम से मूल्यवान संसाधन में परिवर्तित करने के महत्व को प्रकाशित किया गया है।

कम्पोस्टिंग को समझना:

कम्पोस्टिंग एक प्राकृतिक प्रक्रिया है जो जैविक सामग्री, जैसे कि खाने के टुकड़े, आंगन का कचरा, और कृषि अवशेष, को एक पोषक-समृद्ध मृदा संशोधक में तोड़ देती है जिसे कम्पोस्ट कहते हैं। सूक्ष्मजीवों, आग (जलाना), और ऑक्सीजन की क्रियावली के माध्यम से, जैविक पदार्थ अपघटित होता है, जिससे एक स्थिर और ह्यूमस-समान सामग्री उत्पन्न होती है जो मृदा की उपजीवना और संरचना में सुधार करती है।

कम्पोस्टिंग के लाभ:

कम्पोस्टिंग कई पारिस्थितिकी और कृषि लाभ प्रदान करता है। यह कचरा स्थलों से जैविक अपशिष्ट को मिटा देता है, मिथेन उत्सर्जन और हरित गृह गैस प्रभावों में कमी करता है। कम्पोस्ट मृदा की सेहत में सुधार करता है, नमी की संरक्षण में वृद्धि करता है, पोषक उपलब्धता में वृद्धि करता है, और लाभकारी सूक्ष्मजैविक गतिविधि को बढ़ावा देता है। इसके अतिरिक्त, कम्पोस्टिंग पानी की संरक्षण में मदद करता है, रासायनिक उर्वरकों की आवश्यकता को कम करता है, और सतत कृषि और बागवानी प्रयासों को बढ़ावा देता है।

कम्पोस्टिंग तकनीकें:

उपलब्ध स्केल और संसाधनों के आधार पर विभिन्न कम्पोस्टिंग तकनीकों का उपयोग किया जा सकता है। पीठ का कम्पोस्टिंग व्यक्तिगत घरों और छोटे पैमाने पर उपयुक्त है, जहां जैविक अपशिष्ट को परत-दर-परत रखा जाता है और समय-समय पर अपघटन को सुविधा प्रदान करने के लिए मोड़ा जाता है। बड़े पैमाने पर कम्पोस्टिंग संचालन, जैसे कि पंक्तिबद्ध कम्पोस्टिंग और वायुमय स्टैटिक ढेर कम्पोस्टिंग, मैकेनिकल प्रक्रियाओं और नियंत्रित परिस्थितियों का उपयोग करते हैं ताकि अपघटन को तेज किया जा सके और एक सांविदानिक अंतिम उत्पाद सुनिश्चित किया जा सके।

कम्पोस्टयोग्य सामग्री:

जैविक सामग्रियों की एक विस्तृत श्रेणी को कम्पोस्ट किया जा सकता है, जैसे कि फल और सब्जी के टुकड़े, कॉफी की जमीं, चाय की पत्तियां, आंगन की चारिक्रिया, पत्तियां, घास की चारिक्रिया, और फसल के अवशेष। हालांकि, कुछ सामग्री, जैसे कि मांस, डेयरी उत्पाद, तेल, और पालतू पशु के अपशिष्ट, को से बचना चाहिए ताकि बदबू की समस्याओं और कीटों को आकर्षित करने से बचा जा सके। सफल कम्पोस्टिंग के लिए कार्बन-समृद्ध (भूरे) और नाइट्रोजन-समृद्ध (हरे)

सामग्रियों के बीच सही संतुलन आवश्यक है।

कम्पोस्टिंग प्रक्रिया:

कम्पोस्टिंग में जैविक पदार्थ को प्रभावी रूप से अपघटित होने के लिए सही परिस्थितियों को बनाना शामिल है। इस प्रक्रिया की आवश्यकता है कार्बन से नाइट्रोजन का संतुलित अनुपात, उचित नमी का स्तर, और पर्याप्त वायुमयीकरण। कम्पोस्ट ढेर को मोड़ने या मिलाने से सामग्री को ऑक्सीजन मिलती है, अपघटन को बढ़ावा देती है और बदबू की समस्याओं से बचाती है। तापमान और नमी के स्तर की निगरानी सूक्ष्मजीवीय गतिविधि और अपघटन के लिए आदर्श परिस्थितियों को सुनिश्चित करती है।

केचुआ-कम्पोस्टिंग:

केचुआ-कम्पोस्टिंग कम्पोस्टिंग का एक विशेषत रूप है जो पृथ्वी के कीटों का उपयोग करके जैविक अपशिष्ट को तोड़ने के लिए हैऔर पृथ्वी के कीट अपघटन प्रक्रिया में सुधार करते हैं, जैविक पदार्थ पर खाने, वायुमयीकरण और पोषक चक्र प्रोत्साहित करते हैं। केचुआ-कम्पोस्टिंग छोटे पैमाने पर संचालन कर सकते हैं, जैसे कि घर या समुदाय बागवानी, के लिए उपयुक्त है और यह पोषक और लाभकारी सूक्ष्मजीवों में समृद्ध उच्च गुणवता वाले केचुआ-कम्पोस्ट को उत्पन्न करता है।

बड़े पैमान पर जैविक अपशिष्ट प्रबंधन:

बड़े पैमान पर जैविक अपशिष्ट का प्रबंधन करने के लिए कुशल संग्रहण और प्रसंस्करण प्रणालियों की आवश्यकता है। नगरपालिकाएं और अपशिष्ट प्रबंधन संस्थाएं जैविक अपशिष्ट के लिए अलग संग्रहण कार्यक्रमों को स्थापित कर सकती हैं, इसे लैंडफिल से बाहर ले जाकर कम्पोस्टिंग सुविधाओं में पुनः प्रेषित कर सकती हैं।

समुदाय और शैक्षिक पहल:

कम्पोस्टिंग और जैविक अपशिष्ट प्रबंधन को प्रोत्साहित करने के लिए समुदाय

की प्रतिबद्धता और शैक्षिक पहलों की आवश्यकता है। सरकारें, संगठन, और शैक्षिक संस्थाएं कम्पोस्टिंग के लाभों के बारे में जागरूकता बढ़ा सकती हैं, कम्पोस्टिंग तकनीकों पर मार्गदर्शन प्रदान कर सकती हैं, और कम्पोस्टिंग प्रणालियों को स्थापित करने के लिए संसाधन प्रदान कर सकती हैं। समुदाय कम्पोस्टिंग परियोजनाएं, कार्यशालाएं, और प्रसार कार्यक्रम सक्रिय भागीदारी को प्रोत्साहित कर सकते हैं और कम्पोस्टिंग की संस्कृति को बढ़ावा दे सकते हैं।

कम्पोस्टिंग और जैविक अपशिष्ट प्रबंधन जैविक अपशिष्ट को एक मूल्यवान संसाधन में परिवर्तित करने के लिए एक सांविदानिक समाधान प्रदान करते हैं। कम्पोस्टिंग प्रणाली अपनाकर हम जैविक अपशिष्ट को लैंडफिल से बाहर निकाल सकते हैं, हरितगृह गैस उत्सर्जनों को कम कर सकते हैं, और जैविक अपशिष्ट को समृद्ध और पोषक मिट्टी में परिवर्तित कर सकते हैं जो पौधों के लिए लाभकारी है।

"कचरा प्रबंधन की आदतों में छोटे परिवर्तन हमारे पर्यावरण में बड़ा अंतर कर सकते हैं।"

15

यूरोप में अपशिष्ट प्रबंधन प्रणालियां

यूरोपीय देशों में सफल अपशिष्ट प्रबंधन प्रथाएं और नीतियों की जाँच

यूरोप संसाधन कुशलता, पारिस्थितिकी संरक्षण और सततता की प्राथमिकता वाली उन्नत अपशिष्ट प्रबंधन प्रणालियों और नीतियों के लिए प्रसिद्ध है। इस अध्याय में यूरोपीय देशों में लागू की गई सफल अपशिष्ट प्रबंधन प्रथाओं और नीतियों के बारे में प्रकाश डालते हैं।

यूरोपीय अपशिष्ट प्रबंधन का अवलोकन:

यूरोपीय अपशिष्ट प्रबंधन प्रणालियों को पहचान अपशिष्ट प्रमाणीकरण से होती है, जिसमें अपशिष्ट रोकथाम, पुनः प्रयोग, पुनर्चक्रण, और ऊर्जा पुनः प्राप्ति को प्राथमिकता दी जाती है, जबकि अपशिष्ट निस्तारण को अंतिम विकल्प माना जाता है। यूरोपीय संघ (यूयू) ने अपने सदस्य राज्यों में अपशिष्ट प्रबंधन विधान और परिप्रेक्ष्य अर्थशास्त्र सिद्धांतों को प्रोत्साहित करने में महत्वपूर्ण भूमिका निभाई है।

समेकित अपशिष्ट प्रबंधन दृष्टिकोण:

यूरोपीय देशों ने अपशिष्ट प्रबंधन, संग्रहण, उपचार, और निस्तारण की समन्वय करने वाले समेकित अपशिष्ट प्रबंधन दृष्टिकोणों को अपनाया है। समेकित

प्रणालियाँ संसाधनों का कुशल उपयोग सुनिश्चित करती हैं और सतत अपशिष्ट प्रबंधन प्रथाओं को प्रोत्साहित करती हैं। विस्तारित निर्माता जिम्मेदारी (EPR) और उत्पाद परिचर्या कार्यक्रमों जैसी रणनीतियों का उपयोग निर्माताओं को अपशिष्ट प्रबंधन प्रक्रियाओं में शामिल करने के लिए किया जाता है।

अपशिष्ट प्रतिबंध और अवसादन:

यूरोपीय देश अपशिष्ट प्रतिबंध को सतत अपशिष्ट प्रबंधन की सबसे प्रभावी रणनीति के रूप में प्राथमिकता देते हैं। वे ईको-डिजाइन, पैकेजिंग अपशिष्ट अवसादन, और सतत उपभोग पैटर्न को प्रोत्साहित करने और अपशिष्ट उत्पन्न करने को न्यूनतम करने के लिए जागरूकता अभियान जैसे उपायों को लागू करते हैं। अपशिष्ट प्रतिबंध पर ध्यान केंद्रित करके, यूरोपीय राष्ट्र अपशिष्ट के पूरे जीवनचक्र में पारिस्थितिकी प्रभाव को घटाने का उद्देश्य रखते हैं।

पुनर्चक्रण और परिप्रेक्ष्य अर्थशास्त्र:

यूरोपीय देश पुनर्चक्रण दरों में अग्रणी हैं और उन्होंने व्यापक पुनर्चक्रण प्रणालियों को लागू किया है। उन्होंने पेपर, प्लास्टिक, ग्लास, और धातु जैसे विभिन्न अपशिष्ट प्रवाहों के लिए अलग-अलग संग्रहण योजनाएं स्थापित की हैं। उन्नत चयन प्रौद्योगिकियों, कुशल पुनर्चक्रण सुविधाएं, और मजबूत जन सहभागिता से उच्च पुनर्चक्रण दरें प्राप्त होती हैं। संसाधन कुशलता को अधिकतम करने और अपशिष्ट को न्यूनतम करने का उद्देश्य रखने वाले परिप्रेक्ष्य अर्थशास्त्र को प्रोत्साहित करना यूरोप में एक प्रमुख ध्यान केंद्र रहा है।

अपशिष्ट से ऊर्जा पुनः प्राप्ति:

यूरोपीय देश अपशिष्ट को मूल्यवान ऊर्जा स्रोत के रूप में उपयोग करने में महत्वपूर्ण प्रगति कर चुके हैं, जैसे कि अपशिष्ट से ऊर्जा (WtE) संयंत्र। ये सुविधाएं अपुनर्चक्रणीय अपशिष्ट को ऊर्जा और बिजली में परिवर्तित करती हैं, जिससे जीवाश्म ईंधन पर निर्भरता को घटाया जाता है और अक्षय ऊर्जा उत्पादन में योगदान किया जाता है। सख्त उत्सर्जन मानक और उन्नत प्रदूषण नियंत्रण उपाय यह सुनिश्चित करते हैं कि अपशिष्ट से ऊर्जा पुनः प्राप्ति पारिस्थितिकी के

अनुकूल है।

अपशिष्ट निस्तारण और संवर्धनः

यूरोप ने अपशिष्ट निस्तारण के रूप में अपशिष्ट निस्तारण पर निर्भरता को सफलतापूर्वक घटाया है। अपशिष्ट निस्तारण कर, उत्तोलन और सख्त विनियमन वैकल्पिक अपशिष्ट उपचार विधियों को प्रोत्साहित करते हैं। बंद अपशिष्ट निस्तारण स्थल पारिस्थितिकी संक्रमण को न्यूनतम करने और इन स्थलों को प्रकृति संरक्षण या अक्षय ऊर्जा स्थापनाओं के रूप में पुनः प्रयोग के लिए पुनः स्थापित करने के उपायों के लिए विषय हैं।

विस्तारित उत्पादक जिम्मेदारी (EPR):

यूरोपीय देशों ने विस्तारित उत्पादक जिम्मेदारी का संचार किया है, जहां निर्माता अपने उत्पादों के शुरुवात से अंत तक में प्रबंधन सहित पूरे जीवनचक्र के लिए जिम्मेदार हैं, । EPR कार्यक्रम निर्माताओं को पुनर्चक्रण को ध्यान में रखते हुए उत्पादों को डिज़ाइन करने की प्रोत्साहना देते हैं और उनके उचित निस्तारण के लिए जिम्मेदारी लेते हैं। यह दृष्टिकोण एक अधिक स्थायी और परिप्रेक्ष्य अर्थशास्त्र की ओर स्थानांतरण की प्रोत्साहना करता है।

अंतर्राष्ट्रीय सहयोग और ज्ञान साझा करना:

यूरोपीय देश अंतर्राष्ट्रीय मंचों जैसे कि यूरोपीय प।रिस्थितिकी प्राधिकरण (EEA) और यूरोपीय परिप्रेक्ष्य अर्थशास्त्र हितधारक प्लेटफार्म के माध्यम से अपशिष्ट प्रबंधन में सर्वश्रेष्ठ प्रथाओं को साझा करते हैं। ज्ञान और अनुभवों का आदान-प्रदान सीमाओं के पार सफल अपशिष्ट प्रबंधन प्रथाओं को अपनाने में सहायक है, जो निरंतर सुधार और नवाचार को बढ़ावा देता है।

यूरोपीय देश सफल अपशिष्ट प्रबंधन प्रथाओं और नीतियों के उत्कृष्ट मॉडल के रूप में कार्य करते हैं। अपशिष्ट प्रतिबंध को प्राथमिकता देने, पुनर्चक्रण और परिप्रेक्ष्य अर्थशास्त्र सिद्धांतों को प्रोत्साहित करने, ऊर्जा पुनः प्राप्ति प्रौद्योगिकियों को अपनाने, और प्रभावी नियमावली को लागू करने से, उन्होंने अपशिष्ट को न्यूनतम करने और पारिस्थितिकी की सुरक्षा में अद्भुत परिणाम

प्राप्त किए हैं। यूरोपीय अपशिष्ट प्रबंधन प्रणालियों से सीखे गए पाठ अन्य क्षेत्रों को उनके साथी और संसाधन-कुशल अपशिष्ट प्रबंधन प्रथाओं की दिशा में मार्गदर्शन और प्रेरणा प्रदान कर सकते हैं।

"स्वच्छता एक अधिक संगठित और कुशल समाज की ओर पहला कदम है।"

෮෮

16

अमेरिका में अपशिष्ट प्रबंधन

संयुक्त राज्य अमेरिका और कनाडा में अपशिष्ट प्रबंधन दृष्टिकोणों और चुनौतियों का विश्लेषण

उत्तरी अमेरिका में, विशेष रूप से संयुक्त राज्य अमेरिका और कनाडा में, अपशिष्ट प्रबंधन प्रथाएं अद्वितीय चुनौतियों और अवसरों का सामना कर रही हैं। इस अध्याय में इन देशों में अपशिष्ट प्रबंधन दृष्टिकोणों की जाँच की गई है और उन्हें समाधान करने के लिए की गई प्रयासों के साथ मुख्य चुनौतियों की पहचान की गई है।

अपशिष्ट प्रबंधन परिप्रेक्ष्य:

संयुक्त राज्य अमेरिका और कनाडा में जनसंख्या घनत्व, भौगोलिक आकार, और विनियामक ढाँचों में अंतर के कारण विविध अपशिष्ट प्रबंधन परिप्रेक्ष्य हैं। दोनों देश अपने अपशिष्ट प्रवाहों को प्रबंधित करने के लिए अपशिष्ट घटाव, पुनर्चक्रण, कम्पोस्टिंग, ऊर्जा पुनर्प्राप्ति, और मलबा डालने जैसी रणनीतियों का संघटन करते हैं।

नगरीय ठोस अपशिष्ट प्रबंधन:

नगरीय ठोस अपशिष्ट (MSW) प्रबंधन उत्तरी अमेरिका में प्रमुख चिंता का विषय

है। ध्यान पुनर्चक्रण और कम्पोस्टिंग प्रोग्रामों के माध्यम से अपशिष्ट विचलन पर है। स्थानीय नगर पालिकाएं अपशिष्ट प्रबंधन नीतियों और ढाँचे को लागू करने में महत्वपूर्ण भूमिका निभा रही हैं, जिसमें अपशिष्ट संग्रहण प्रणालियाँ, पुनर्चक्रण केंद्र, और कम्पोस्टिंग सुविधाएं शामिल हैं।

पुनर्चक्रण प्रोग्राम और पहल:

संयुक्त राज्य अमेरिका और कनाडा ने पुनर्चक्रण को बढ़ावा देने के लिए महत्वपूर्ण प्रयास किए हैं। पुनर्चक्रण प्रोग्राम न्यायिक प्रशासन में अधिकतर भिन्न हैं, जिसमें गलियारा पुनर्चक्रण, ड्रॉप-ऑफ सेंटर्स, और जमा-वापसी प्रणालियाँ शामिल हैं। असंगत पुनर्चक्रण दिशा-निर्देशों, सार्वभौमिक पहुँच की कमी, और पुनर्चक्रण योग्य सामग्री के संकरण जैसी चुनौतियाँ चिंता के क्षेत्र रही हैं।

कम्पोस्टिंग और जैविक अपशिष्ट प्रबंधन:

जैविक अपशिष्ट प्रबंधन, विशेष रूप से खाने के टुकड़े और अंगार अपशिष्ट पर बढ़ता ध्यान दिया जा रहा है। कम्पोस्टिंग प्रोग्राम और सुविधाएं स्थापित की गई हैं ताकि मलबा से जैविक अपशिष्ट को अलग किया जा सके और मृदा संशोधन के लिए पौष्टिकता से भरपूर कम्पोस्ट का निर्माण किया जा सके। स्रोत विच्छेदन को प्रोत्साहित करना और कम्पोस्टिंग ढाँचे का विस्तार करना निरंतर प्राथमिकताएं हैं।

अपशिष्ट से ऊर्जा पुनर्प्राप्ति:

अपशिष्ट से ऊर्जा पुनर्प्राप्ति, विशेष रूप से अपशिष्ट-से-ऊर्जा (WtE) सुविधाओं के माध्यम से, उत्तरी अमेरिका में ध्यान केंद्रित है। ये सुविधाएं गैर-पुनर्चक्रण योग्य अपशिष्ट को गर्मी और बिजली में परिवर्तित करती हैं, जिससे जीवाश्म ईंधन पर आधारित ऊर्जा स्रोतों का विकल्प प्रदान किया जाता है। हालांकि, जनता की स्वीकृति, पारिस्थितिकी चिंताएं, और प्रौद्योगिकी चयन संबंधित चुनौतियों का समाधान किया जाना चाहिए।

मलबा प्रबंधन और विनियमन:

मलबा उत्तरी अमेरिका में अपशिष्ट प्रबंधन का महत्वपूर्ण हिस्सा बना रहता है। सही मलबा स्थल चयन, डिज़ाइन, संचालन आदि के माध्यम से पारिस्थितिकी प्रभावों को न्यूनतम करने पर केंद्रित हैं। विनियमन मलबा गैस प्रबंधन, रसोई नियंत्रण, और पोस्ट-बंद सेवा के मानकों के साथ समर्थन को सुनिश्चित करने का उद्देश्य रखते हैं।

ई-अपशिष्ट और हानिकारक अपशिष्ट प्रबंधन:

इलेक्ट्रॉनिक अपशिष्ट (ई-अपशिष्ट) और हानिकारक अपशिष्ट उनके संभावित पारिस्थितिकी और स्वास्थ्य जोखिमों के कारण अद्वितीय चुनौतियाँ प्रस्तुत करते हैं। दोनों देशों ने ई-अपशिष्ट और हानिकारक सामग्री को प्रबंधित और सुरक्षित रूप से निष्कासित करने के लिए प्रोग्राम लागू किए हैं, जिसमें संग्रहण केंद्र और उचित हैंडलिंग और पुनर्चक्रण के लिए विनियमन की स्थापना शामिल है।

विस्तारित निर्माता जिम्मेदारी (EPR):

उत्तरी अमेरिका में विस्तारित निर्माता जिम्मेदारी की अवधारणा प्रसारित हो रही है। EPR प्रोग्राम उत्पादों के जीवनचक्र का प्रबंधन, उनके निष्कासन सहित, निर्माताओं पर जिम्मेदारी डालते हैं। इन प्रोग्रामों का उद्देश्य उत्पाद डिज़ाइन को पुनर्चक्रण योग्यता और उचित जीवन के अंत का प्रबंधन के लिए प्रोत्साहित करना है, स्थानीय अपशिष्ट प्रबंधन प्रणालियों पर बोझ को कम करना भी है।

शिक्षा और जन जागरूकता:

अपशिष्ट प्रबंधन प्रथाओं के बारे में जनता को शिक्षित करना, जिसमें अपशिष्ट घटाना, पुनर्चक्रण, और उचित निष्कासन शामिल है। शैक्षिक अभियान, समुदाय पहुंच प्रोग्राम, और जन जागरूकता पहल जिम्मेदार अपशिष्ट प्रबंधन व्यवहार को प्रोत्साहित करने और पुनर्चक्रण और कम्पोस्टिंग प्रोग्राम में भागीदारी बढ़ाने में महत्वपूर्ण भूमिका निभाते हैं।

सहयोग और सर्वश्रेष्ठ प्रथाएं साझा करना:

विभिन्न हितधारकों, जिसमें सरकारी एजेंसियों, अपशिष्ट प्रबंधन कंपनियों, उद्योग संघों, और समुदाय संगठनों शामिल हैं, के बीच अपशिष्ट प्रबंधन के लिए सहयोग महत्वपूर्ण है । सर्वश्रेष्ठ प्रथाओं, सिखाए गए पाठ, और अभिनव दृष्टिकोण साझा करना निरंतर सुधार को बढ़ावा देता है और सफल रणनीतियों को जुरिस्डिक्शनों में अपनाने को प्रोत्साहित करता है।

उत्तरी अमेरिका में अपशिष्ट प्रबंधन एक जटिल और विकसित परिप्रेक्ष्य है। अपशिष्ट विचलन को बढ़ाने, पुनर्चक्रण और कम्पोस्टिंग को प्रोत्साहित करने, हानिकारक अपशिष्ट का प्रबंधन करने, और ऊर्जा पुनर्प्राप्ति विकल्पों का अन्वेषण करने के लिए प्रयास किए जा रहे हैं। पुनर्चक्रण संकीर्णता, जैविक अपशिष्ट प्रबंधन का विस्तार, और उत्पादक जिम्मेदारी को प्रोत्साहित करके समस्याओं का समाधान करके, संयुक्त राज्य और कनाडा अधिक सतत अपशिष्ट प्रबंधन प्रणालियों की ओर अग्रसर हो सकते हैं।

"कचरा एक मौलिक संसाधन है जिसे नवाचारी प्रबंधन प्रथाओं के माध्यम से पुनः आविष्कार किया जा सकता है।"

17

जापान में अपशिष्ट प्रबंधन

जापान अपशिष्ट प्रबंधन में विश्वभर में अग्रणी देशों में से एक है। जापान में उचित और प्रभावी अपशिष्ट प्रबंधन के प्रतिबद्धता और नवाचार से स्थानीय समुदाय और प्रशासन ने अपने जीवन की गुणवत्ता को बेहतर बनाया है।

सामाजिक जागरूकता और संविधानिकता: जापान में लोग अपशिष्ट को विभाजित करने के नियमों और अनुशासन का समर्थन करते हैं। पुनः प्रयोग और पुनः प्रसंस्करण के लिए उपयुक्त तरीके से कचरा को विभाजित किया जाता है।

अधिनियम और नीतियां: 2000 में, जापान ने 'अपशिष्ट प्रबंधन और साफ-सफाई अधिनियम' को अनुशेषित किया था, जिससे अपशिष्ट की पुनः प्रगोग और पुनरावृत्ति की प्रोत्साहना की जाती है।

पुनः प्रयोग और पुनरावृत्ति: जापान में एक विशेष प्रकार की प्रणाली है, जिसमें उपयोगकर्ता अपशिष्ट को विभाजित करता है, जैसे कि प्लास्टिक, ग्लास, कागज आदि। इससे पुनरावृत्ति प्रक्रिया में सहायक होता है और संसाधनों का पुनः प्रयोग होता है।

तकनीकी नवाचार: जापान ने उन तकनीकों का विकास किया है जो अपशिष्ट को ऊर्जा में परिवर्तित करते हैं। यह तकनीक अपशिष्ट को नष्ट करने में सहायक होती है, साथ ही साथ ऊर्जा भी प्रदान करती है।

अपशिष्ट से ऊर्जा: जापान में कई संयंत्र हैं जो अपशिष्ट को ऊर्जा में परिवर्तित करते हैं। इस ऊर्जा का उपयोग गृह और उद्योगों में होता है।

अपशिष्ट में से उत्पादन: कई जापानी कंपनियां अपशिष्ट को उत्पादों में परिवर्तित करती हैं। उदाहरण स्वरूप, पुराने टायर से जूते बनाए जाते हैं और प्लास्टिक बोतलों से कपड़े तैयार किए जाते हैं।

समुदाय की भागीदारी: जापान में समुदायों को अपशिष्ट प्रबंधन में शामिल होने की प्रोत्साहना दी जाती है। यहां के स्कूल, व्यावासिक संगठन, और सामाजिक संगठन अपशिष्ट प्रबंधन में सहयोगी भूमिका निभाते हैं।

शिक्षा और प्रशिक्षण: जापान में लोगों को अपशिष्ट प्रबंधन के महत्व के बारे में जागरूक किया जाता है। यहां के स्कूलों में बच्चों को पुनः प्रयोग और पुनरावृति के महत्व के बारे में पढ़ाया जाता है।

समस्याएं और समाधान: हालांकि जापान अपशिष्ट प्रबंधन में प्रोत्साहक है, यहां भी कुछ चुनौतियां हैं। अधिक जनसंख्या और सीमित भूमि के कारण कचरे की समस्या से सामना करना पड़ता है। जापान ने इस समस्या का सामना करने के लिए विभिन्न पहलें की हैं, जैसे कि ऊर्जा पुनः प्रयोग और संविधानिकता।

जापान का अपशिष्ट प्रबंधन प्रणाली विश्व के अन्य देशों के लिए एक अद्वितीय उदाहरण प्रस्तुत करता है। इसके पीछे की सोच, नवाचार, और प्रतिबद्धता ने जापान को अपशिष्ट प्रबंधन में एक अग्रणी देश बनाया है।

"एक साफ पर्यावरण आने वाली पीढ़ियों को देने का सबसे अच्छा उपहार है।"

18

मध्य पूर्व के देशों में अपशिष्ट प्रबंधन

मध्य पूर्वी देशों में अपशिष्ट प्रबंधन पहलों का अन्वेषण

मध्य पूर्व क्षेत्र में अपशिष्ट प्रबंधन प्रथाएं हाल ही में जनसंख्या वृद्धि, नगरीकरण और आर्थिक विकास के कारण महत्वपूर्ण ध्यान केंद्रित की गई हैं। इस अध्याय में मध्य पूर्वी देशों द्वारा अपशिष्ट उत्पादन और निस्तारण से संबंधित चुनौतियों को संबोधित करने के लिए की गई पहलों का अन्वेषण किया गया है।

अपशिष्ट उत्पादन पैटर्न:

मध्य पूर्वी देश जैसे कि तेज जनसंख्या वृद्धि, शहरी विस्तार, पर्यटन और औद्योगिक गतिविधियों से प्रभावित अद्वितीय अपशिष्ट उत्पादन पैटर्न का अनुभव करते हैं। प्रत्येक देश की विशेष जरूरतों के लिए तैयार किए गए प्रभावी अपशिष्ट प्रबंधन रणनीतियों को विकसित करने के लिए अपशिष्ट की संरचना और स्रोतों को समझना महत्वपूर्ण है।

अपशिष्ट आधारिकता और प्रणालियाँ:

मध्य पूर्वी देश अपशिष्ट संग्रह, उपचार और निस्तारण प्रणालियों में सुधार करने के लिए अपशिष्ट आधारिकता में निवेश कर रहे हैं। इसमें स्वास्थ्यक अपशिष्ट स्थल, अपशिष्ट से ऊर्जा संयंत्र, पुनर्चक्रण केंद्र और संवारण सुविधाओं जैसी

अपशिष्ट प्रबंधन सुविधाओं की स्थापना शामिल है। उचित अपशिष्ट प्रबंधन के लिए मजबूत अपशिष्ट आधारिकता विकसित करना आवश्यक है।

पुनर्चक्रण और संसाधन पुनः प्राप्ति:

पुनर्चक्रण पहलें मध्य पूर्व में प्रमोट हो रही हैं, संसाधन पुनः प्राप्ति के पारिस्थितिकी और आर्थिक लाभ की पहचान से प्रेरित होकर। देश विभिन्न अपशिष्ट धाराओं के लिए पुनर्चक्रण कार्यक्रम कार्यान्वित कर रहे हैं, जिसमें पेपर, प्लास्टिक, धातु और कांच शामिल हैं। पुनर्चक्रण सुविधाओं की स्थापना, संग्रह प्रणालियों में सुधार और जनता के बीच जागरूकता बढ़ाने के प्रयास किए जा रहे हैं।

जैविक अपशिष्ट प्रबंधन:

जैविक अपशिष्ट को संबोधित करना मध्य पूर्व में प्राथमिकता है, यह सम्पूर्ण अपशिष्ट उत्पादन में इसका महत्वपूर्ण योगदान को देखते हुए किया गया है। देश संवारण सुविधाओं में निवेश कर रहे हैं और स्थलीय अपशिष्ट से जैविक अपशिष्ट को बाहर निकालने का समर्थन कर रहे हैं। संवारण पहलें न केवल स्थलीय अपशिष्ट की मात्रा को कम करती हैं बल्कि कृषि उपयोग के लिए मूल्यवान संवारण भी प्रदान करती हैं, सतत प्रथाओं में योगदान करती हैं।

निर्माण और विध्वंस अपशिष्ट:

मध्य पूर्व में निर्माण क्षेत्र एक पर्याप्त मात्रा में अपशिष्ट उत्पन्न करता है, मुख्य रूप से भवन निर्माण, पुनर्निर्माण और विध्वंस गतिविधियों से। निर्माण और विध्वंस अपशिष्ट के लिए उचित प्रबंधन प्रथाओं को लागू करने के लिए प्रयास किए जा रहे हैं, जिसमें पारिस्थितिकी प्रभावों को न्यूनतम करने और संसाधनों की संरक्षण के लिए सामग्री का पुनः प्रयोग और पुनर्चक्रण शामिल है।
सार्वजनिक-निजी साझेदारी:

मध्य पूर्वी देश अपशिष्ट प्रबंधन आधारिकता और सेवा प्रदान में सुधार करने के लिए सार्वजनिक-निजी साझेदारियों (PPP) का अन्वेषण कर रहे हैं। सरकारी इकाइयों और निजी क्षेत्र की कंपनियों के बीच सहयोग सलाह, निवेश और संचालन

कुशलता को अपशिष्ट प्रबंधन पहलों में लाता है। PPP अपशिष्ट प्रबंधन प्रथा और प्रणालियों में सुधार में महत्वपूर्ण भूमिका निभा रहे हैं।

जागरूकता और व्यवहारिक परिवर्तन:

मध्य पूर्व में अपशिष्ट प्रबंधन में जन जागरूकता बढ़ाने और व्यवहारिक परिवर्तन को बढ़ावा देने वाले घटक हैं। शैक्षिक अभियान, समुदाय प्रतिबद्धता और पहुंच प्रोग्राम उचित अपशिष्ट विभाजन, पुनर्चक्रण प्रथाएं और अपशिष्ट घटाने की रणनीतियों में निवासियों को सूचित और शामिल करने का लक्ष्य रखते हैं। अपशिष्ट प्रबंधन पहलों की सफलता के लिए जन सहभागिता बढ़ाना महत्वपूर्ण है।

क्षेत्रीय सहयोग और ज्ञान आदान-प्रदान:

मध्य पूर्वी देश अपशिष्ट प्रबंधन में अनुभव, सर्वोत्तम प्रथाएं और विशेषज्ञता साझा करने के लिए क्षेत्रीय सहयोग और ज्ञान आदान-प्रदान मंचों में सहभागी हो रहे हैं। सहयोगी प्रयास सफल रणनीतियों, नवाचारों और प्रौद्योगिकियों का अपनाव प्रोत्साहित करते हैं, जिससे अपशिष्ट प्रबंधन प्रथाओं में निरंतर सुधार और प्रगति होती है।

मध्य पूर्व में अपशिष्ट प्रबंधन विकसित हो रहा है क्योंकि देश सतत अपशिष्ट प्रबंधन प्रथाओं के महत्व को पहचानते हैं। अपशिष्ट आधारिकता में निवेश करके, पुनर्चक्रण और संसाधन पुनर्प्राप्ति को बढ़ावा देने, जैविक अपशिष्ट को संबोधित करने और जन जागरूकता बढ़ाने के माध्यम से, मध्य पूर्वी देश प्रभावी और पारिस्थितिकी जिम्मेदार अपशिष्ट प्रबंधन प्रणालियों की दिशा में काम कर रहे हैं। क्षेत्रीय सहयोग और ज्ञान आदान-प्रदान प्रगति को और तेज करेंगे, प्रदेश को अपशिष्ट प्रबंधन की चुनौतियों को पार करने और एक अधिक सतत भविष्य की दिशा में बढ़ने में सहायक होगा।

"जिम्मेदार कचरा प्रबंधन संवर्धनपूर्णता और एक स्वच्छ एवं सुंदर भविष्य की ओर यात्रा है।"

19

ई-कचरे का प्रभाव एवं प्रबंधन

इलेक्ट्रॉनिक सम्बंधित कचरा (ई-कचरा)

आजकल, हम अक्सर बिना सोचे-समझे कहीं भी कचरा छोड़ देते हैं, इसके परिणाम को अनदेखा करते हैं।

हम रोजाना समाचार में सुनते हैं कि किसी जगह बाढ़ आई या भूकंप आया और इसका प्रमुख कारण अधिकतर कचरा ही होता है। कचरा न केवल प्रदूषण बढ़ाता है बल्कि उससे कई तरह की बीमारियां भी फैलती हैं। न केवल गरीब देश, बल्कि समृद्ध देश भी इस समस्या से परेशान हैं। उदाहरण स्वरूप, अमेरिका प्रतिवर्ष 277 मिलियन टन से अधिक कचरा उत्पन्न करता है।

जैसा कि हम आधुनिककरण की ओर बढ़ रहे हैं, ई-कचरा हमारे लिए एक बड़ी चिंता बनता जा रहा है। आजकल के इलेक्ट्रॉनिक उपकरण हमारे चारों ओर हैं और जब वे खराब हो जाते हैं, तो उससे ई-कचरा उत्पन्न होता है।

ई-कचरा की परिभाषा क्या है?

जब हम अपने घर में उपयोग किए गए इलेक्ट्रॉनिक साधनों जैसे कि मोबाइल, टीवी, कंप्यूटर आदि को फेंक देते हैं, तो उसे ई-कचरा कहते हैं।

अगर हम भारत की चर्चा करें, तो अधिकतर लोगों के पास मोबाइल फोन होता है। मोबाइल से निकलने वाले विकिरण और अन्य इलेक्ट्रॉनिक उपकरणों से निकलने वाले पदार्थ मानव स्वास्थ्य के लिए नकारात्मक प्रभाव डाल सकते हैं।

जैसे-जैसे लोगों की संख्या बढ़ रही है, वैसे-वैसे ई-कचरे की संख्या भी बढ़ रही है। इसलिए हमें इस समस्या का समाधान खोजना होगा।

ई-कचरे की असर

इलेक्ट्रॉनिक सामग्रियों में प्लास्टिक और कांच के साथ-साथ क्रोमियम, पारा, कैडमियम, आर्सेनिक और मरकरी जैसे घातक तत्वों का प्रयोग होता है। जब हम इस तरह का कचरा फेंक देते हैं, तो यह तत्व मिट्टी, हवा और जल में मिल जाते हैं, जिससे प्रदूषण होता है। उदाहरण स्वरूप, कैडमियम की धुंआं से हमारे फेफड़ों और गुर्दों को गंभीर नुकसान हो सकता है। इसी प्रकार, कंप्यूटर में पाये जानेवाले फास्फोरस और मरकरी की जलान से हमारा पर्यावरण प्रदूषित होता है।

पारा एक जहरीला पदार्थ है, जिससे समुद्री जीवन को संकट का सामना करना पड़ता है। प्लास्टिक को नष्ट करना मुश्किल है और हर दिन भारत में 15 हजार टन प्लास्टिक कचरा उत्पन्न होता है। अगर हम इस कचरे का सही तरीके से प्रबंधन नहीं करते, तो आनेवाली पीढ़ी को इसका बड़ा मोल चुकाना पड़ सकता है।

देश में बढ़ती हुई ई–कचरा की समस्या

आईटी उद्योग में वृद्धि होने के बाद, भारत और अन्य देशों में इलेक्ट्रॉनिक सामग्रियों का उपयोग बढ़ गया है। 2004 में भारत में उत्पन्न हुआ ई-कचरा 1,46,800 टन था, जो 2012 में 8 लाख टन और 2017 में 2 मिलियन टन तक पहुंच गया। इन तथ्यों से यह स्पष्ट है कि देश में ई-कचरा कितनी तेजी से फैल रहा है।

अमेरिका, चीन, जापान और जर्मनी के बाद, भारत ई-कचरा उत्पन्न करने में पाँचवां नंबर पर है। भारत में दिल्ली, मुंबई, बेंगलुरु, कोलकाता, चेन्नई और हैदराबाद जैसे शहर सबसे ज्यादा ई-कचरा उत्पन्न कर रहे हैं। हालांकि, हमारे पास इसे संभालने का कोई ठोस प्लान नहीं है, जिसका परिणाम यह है कि यह समस्या

और भी जटिल हो रही है।

ई-कचरे की प्रबंधन योजना ई-कचरे को सिर्फ निष्पादित करने से समस्या का समाधान नहीं होगा। हमें इसे ठीक से प्रबंधित करने की जरूरत है। इसे अच्छी तरह से पुनर्प्रयोग करने के लिए हमें इसे पुनः संरचना देनी होगी। इसके साथ ही हमें उत्तरदायित्व लेनी होगी कि हम अपनी उत्तरदायित्व को समझकर ई-कचरा का सही तरीके से प्रबंधन करें।

ई-कचरे संकट

भारत में पैदा हो रहे ई-कचरे का केवल 2.5% हिस्सा हम पुनः प्रयोग में ला पाते हैं। हमारा देश अपने ई-कचरे से जूझ रहा है, और उस पर से, समृद्ध देश अपना ई-कचरा पुनः प्रयोग करने के लिए एशिया और अफ्रीका के कुछ देशों में भेजते हैं। जैसा कि अमेरिका अपने 80% ई-कचरे को देशों में भेजता है।

भारत में ई-कचरे को संभालने की कोई ठोस योजना नहीं है, इससे हमें अधिक समस्या होती है। अन्य देशों से ई-कचरे की प्रवेश पर नियंत्रण लगाने के लिए भारत सरकार ने 1989 में कचरा प्रबंधन और निगरानी कानून बनाया। लेकिन कुछ लोग इसे उल्लंघन करते हुए ई-कचरे की आवजाही करते रहे। इससे प्रदूषण की गंभीर समस्या उत्पन्न हो रही है।

ई-कचरा प्रबंधन कानून

भारत सरकार ने 2016 में ई-कचरा प्रबंधन कानून तैयार किया था ई-कचरे की बढ़ती परिस्थितियों को देखते हुए। इस कानून में निर्माता, उपभोक्ता, संग्रहकर्ता आदि पर कुछ विशेष नियम लागू किए गए हैं। इसमें उत्पादकों पर कुछ बंधन भी हैं, और यदि वे नियमों का पालन नहीं करते, तो उन्हें सजा भी हो सकती है। इस अधिनियम के अंतर्गत, श्रमिकों का प्रशिक्षण भी होगा और उनकी सेहत और सुरक्षा की जिम्मेदारी स्थानीय सरकार पर होगी।

इसमें प्रदूषण नियंत्रण प्राधिकृति स्थापित की जाएगी। इसका कार्य होगा पुनर्चक्रण संस्थाओं की समीक्षा करना, जैसे कि वे नियमों का पालन कर रहे हैं या

नहीं। इस कानून में और भी अनेक पहलुओं को शामिल किया गया है। अगर हम सभी भारतवासी इस कानून को मानते हैं, तो आने वाले समय में हम ई-कचरे से जूझ सकते हैं।

ई-कचरा प्रदूषण की सबसे बड़ी समस्या है, जिससे हमें जल्द से जल्द निपटना होगा। हमें इसे पुनर्प्रयोग करने और इसे ठीक से प्रबंधित करने के लिए ठोस योजना बनानी होगी। हम सभी को अपनी जिम्मेदारियों को समझकर कार्रवाई करनी होगी। अगर हम अब कार्रवाई नहीं करते, तो हमारी आनेवाली पीढ़ी को इसके परिणाम भुगतने पड़ेंगे।

इस सब जानकारी को पढ़कर अब आपको ई-कचरे के जोखिम का पता चल गया होगा। अब हमें लोगों को ई-कचरे के प्रति जागरूक बनाने की जरूरत है। हमारी सरकार कुछ भी तब तक नहीं कर सकती जब तक हम उसे समर्थन नहीं देते। और अगर हम नहीं बदलते, तो हमारे बच्चों को ई-कचरे के पहाड़ों में जीना पड़ेगा। इसलिए हमें जिम्मेदार नागरिक बनने की जरूरत है।

"स्वच्छता संक्रामक है; चलिए हमें सही कचरा प्रबंधन में अभ्यास करने में दूसरों को प्रेरित करें।"

20

स्वच्छ भारत मिशन

2014 में शुरू हुए स्वच्छ भारत मिशन (स्वच्छ भारत मिशन) की पहल से हाल के वर्षों में भारत में कचरा प्रबंधन पर विशेष ध्यान दिया गया है। इस अध्याय में भारत में कचरा प्रबंधन के परिप्रेक्ष्य, सामना की जा रही चुनौतियां, स्वच्छ भारत मिशन के उद्देश्य और एक स्वच्छ और सांविदानिक भारत की प्राप्ति के लिए उपयुक्त विधियां और क्रियावली को जानने का प्रयास किया गया है।

कचरा उत्पन्न और संरचना:

भारत, अपनी विशाल जनसंख्या और विविध सामाजिक-आर्थिक परिदृश्य के साथ, महत्वपूर्ण कचरा उत्पन्न की चुनौतियों का सामना कर रहा है। कचरा प्रबंधन प्रणाली को प्रभावी तरीके से डिज़ाइन करने के लिए कचरा प्रवाह की संरचना और विशेषताओं को समझना महत्वपूर्ण है। भारत का कचरा नगर ठोस कचरा, ई-कचरा, प्लास्टिक कचरा, चिकित्सा कचरा, और कृषि कचरा शामिल है।

स्वच्छ भारत मिशन:

भारत सरकार द्वारा शुरू किया गया स्वच्छ भारत मिशन स्वच्छ और खुले में शौच मुक्त भारत की प्राप्ति का लक्ष्य रखता है। मिशन स्वच्छता संरचना में सुधार, स्वच्छता प्रथाओं को बढ़ावा देने और प्रभावी कचरा प्रबंधन प्रणालियों को लागू करने पर ध्यान केंद्रित करता है। इसमें समुदाय की भागीदारी, व्यवहार में परिवर्तन और संस्थागत मजबूती पर जोर दिया गया है।

कचरा संग्रह और विभाजन:

उचित कचरा प्रबंधन के लिए प्रभावी कचरा संग्रह प्रणालियां आवश्यक हैं। भारत कचरा संग्रह संरचना में सुधार कर रहा है, जिसमें कचरा संग्रह केंद्र, समुदाय बिन और दरवाजे-दरवाजे कचरा संग्रह सेवाएं शामिल हैं। स्रोत पर विभाजन, पुनः प्रयोग योग्य और गैर-पुनः प्रयोग योग्य कचरा को अलग करना, प्रबंधन प्रथाओं में सुधार के लिए प्रोत्साहित किया जा रहा है।

ठोस कचरा प्रबंधन:

भारत में ठोस कचरा प्रबंधन में विभिन्न चरण शामिल हैं, जिसमें संग्रह, परिवहन, उपचार और निपटान शामिल हैं। विकेंद्रीकृत कचरा प्रबंधन प्रणालियों का क्रियान्वित करना, जैसे कि ऊर्जा संयंत्र, कम्पोस्ट इकाइयां और पुनः प्रयोग सुविधाएं, प्रोत्साहित किया जा रहा है। प्रभावी ठोस कचरा प्रबंधन प्रथाएं कचरा की कमी, संसाधन पुनः प्राप्ति और पारिस्थितिकी स्थायिता में योगदान करती हैं।

स्वच्छ सर्वेक्षण:

स्वच्छ सर्वेक्षण भारत में उन शहरों को मूल्यांकन और उनकी स्वच्छता और कचरा प्रबंधन प्रथाओं के आधार पर दर्जा देने के लिए हर साल एक सर्वे आयोजित किया जाता है। सर्वे उन शहरों को प्रोत्साहित और मान्यता प्रदान करने के लिए एक उपकरण के रूप में कार्य करता है जो कचरा प्रबंधन और स्वच्छता में उत्कृष्टता प्रदर्शित करते हैं। यह शहरों के बीच स्वास्थ्यपूर्ण प्रतिस्पर्धा को बढ़ावा देता है, उन्हें प्रोत्साहित करता है कि वे नवाचारी दृष्टिकोण अपनाएं और अपने कचरा प्रबंधन प्रणालियों में सुधार करें।

व्यवहार परिवर्तन और सार्वजनिक जागरूकता:

जनता में जागरूकता पैदा करना और व्यवहार में परिवर्तन प्रोत्साहित करना भारत में कचरा प्रबंधन का एक महत्वपूर्ण पहलु है। शैक्षिक अभियान, सामाजिक माध्यम पहल और समुदाय सहभागिता कार्यक्रम आयोजित किए जाते हैं जो कचरा विभाजन, उचित कचरा निपटान और स्रोत पर कचरा उत्पन्न करने के

महत्व को बढ़ावा देते हैं।

विस्तारित निर्माता जिम्मेदारी (EPR):

भारत ने उत्पादकों को उनके उत्पादों के पारिस्थितिकी प्रभावों के लिए जिम्मेदारी लेने के लिए विस्तारित निर्माता जिम्मेदारी (EPR) का संकल्प अपनाया है, जिसमें उनका निपटान भी शामिल है। भारत में EPR पहलों का उद्देश्य इलेक्ट्रॉनिक कचरा, प्लास्टिक कचरा और पैकेजिंग सामग्री जैसे उत्पादों के पुनः प्रयोग और उचित प्रबंधन को बढ़ावा देना है।

कचरा प्रबंधन पहल और नवाचार:

भारत में विभिन्न कचरा प्रबंधन पहल और नवाचार पेश किए गए हैं। इनमें जैव गैस संयंत्रों का उपयोग करके जैविक कचरा से ऊर्जा उत्पन्न करना, कचरा प्रबंधन के लिए मोबाइल अनुप्रयोगों का विकास और कचरा प्रबंधन स्टार्टअप्स की स्थापना शामिल है। ऐसी पहलें देश में कचरा प्रबंधन प्रथाओं में कुल मिलाकर सुधार करने में योगदान करती हैं।

चुनौतियाँ और भविष्य की दृष्टिकोण:

स्वच्छ भारत मिशन और भारत में कचरा प्रबंधन पहल देश द्वारा सामना की जा रही कचरा प्रबंधन की चुनौतियों का समाधान करने में महत्वपूर्ण हैं। प्रभावी कचरा संग्रहण और विभाजन, ठोस कचरा प्रबंधन प्रथाओं का क्रियान्वय, जनता में जागरूकता अभियान और नवाचारी दृष्टिकोण के माध्यम से, भारत एक स्वच्छ और अधिक स्थायी पारिस्थितिकी बनाने का लक्ष्य रखता है। प्रयासों, सहयोग और कचरा प्रबंधन ढांचे में निवेश की जारी रहने वाली जरूरत स्वच्छ भारत के लक्ष्यों को प्राप्त करने और सभी नागरिकों के लिए एक स्वस्थ भविष्य सुनिश्चित करने के लिए महत्वपूर्ण होगी।

"अपशिष्ट एक गुमशुदा संसाधन है; चलिए जिम्मेदार प्रबंधन के माध्यम से इसकी मूल्य की पुनरावृति करें।"

उद्धरण एवं संदर्भ

इस पुस्तक में व्यक्त की गई विचारधाराएं केवल इस पुस्तक के लेखक की हैं और किसी संगठन या व्यक्ति की राय को प्रतिबिंबित नहीं करती हैं। लेखक ने इस पुस्तक में प्रदान की गई जानकारी की सटीकता और पूर्णता को सुनिश्चित करने के लिए हर संभव प्रयास किया है।

यह पुस्तक व्यापक शोध और विश्लेषण के बाद लिखी गई है, जिसमें विभिन्न पुस्तकों का संदर्भ लिया गया है, साथ ही लेखक के अध्ययन और व्यावहारिक अनुभवों को भी शामिल किया गया है। लेखक ने इस पुस्तक का संक्षिप्त एवं मूल्यवान जानकारीयां इकट्ठा करने के लिए विभिन्न वेबसाइटों की भी संदर्भ लिया गया है।

लेखक ने सुनिश्चित किया है कि प्रस्तुत की गई सभी जानकारी सटीक है और स्रोतों को सम्मान देने के लिए उचित ढंग से उद्धरण किए गए हैं। हालांकि, हमारे सर्वोत्तम प्रयासों के बावजूद, मानवीय त्रुटियाँ अभी भी हो सकती हैं। यदि कोई पाठक इस पुस्तक में कोई भी त्रुटि पाता है, तो लेखक उनके सुझाव का सत्यापन सम्मानपूर्वक करते हैं और उन्हें इसकी सुचना देने के लिए प्रोत्साहित करते हैं।

ऐसा प्रतिक्रिया मूल्यवान है और लेखक भविष्य की संस्करणों में त्रुटियों को सुधारने और पुस्तक की सामग्री को सुधारने के लिए सभी आवश्यक कदम उठाएंगे। इस संदर्भ में आपकी समझ और समर्थन के लिए धन्यवाद।

लेखक भारतीय संविधान के अनुच्छेद 19(1)(a) द्वारा गारंटीत वाणी और प्रकाश की स्वतंत्रता के अधिकार का भी सम्मान करते हैं।

|| लोकाः समस्ताः सुखिनो भवन्तु ||